[美] 尼古拉斯·韦伯 / 著　丁祎平 / 译

极致用户体验

WHAT CUSTOMERS CRAVE

从为产品寻找用户
到为用户设计体验

How to Create Relevant and
Memorable Experiences at Every Touchpoint

中信出版集团 · 北京

图书在版编目（CIP）数据

极致用户体验 /（美）尼古拉斯 · 韦伯著；丁祎平译 . -- 北京：中信出版社，2018.12（2025.5重印）

书名原文：What Customers Crave：How to Create Relevant and Memorable Experiences at Every Touchpoint

ISBN 978–7–5086–9645–4

I. ①极… II. ①尼… ②丁… III. ①销售－方法 IV. ① F713.3

中国版本图书馆 CIP 数据核字（2018）第 236473 号

极致用户体验

著　　者：[美]尼古拉斯 · 韦伯
译　　者：丁祎平
出版发行：中信出版集团股份有限公司
（北京市朝阳区东三环北路 27 号嘉铭中心　邮编　100020）
承 印 者：北京盛通印刷股份有限公司

开　　本：880mm×1230mm　1/32　　印　　张：7.5　　字　　数：158 千字
版　　次：2018 年 12 月第 1 版　　印　　次：2025 年 5 月第 6 次印刷
京权图字：01–2018–7469　　广告经营许可证：京朝工商广字第 8087 号
书　　号：ISBN 978–7–5086–9645–4
定　　价：59.00 元

目 录
CONTENTS

第一部分

关于用户体验，你需要知道的事情

在本书中，我聚焦的是用户服务的现状——特别是现在的用户服务为什么与“前互联经济时代”如此不同。在如今商业竞争激烈的超连接时代，旧的用户服务方式正在衰落。

在探索这个现象的过程中，你会发现权利是如何转移的，它由谁掌握以及怎样才能利用这种新模式。你将学会通过类型来识别你的用户，而不是用传统的市场细分的方法。作为企业家，我不再关心传统的市场细分，不关心用户的肤色，也不关心他们是在蒂芙尼精品店（Tiffany）还是沃尔玛超市（Walmart）买东西。我真正关心的只有两个问题：用户喜欢什么和讨厌什么。在本书中，我的重点是帮助你真正理解用户类型，向你展示用户的好恶。这些深入的观点将通过各种接触点和渠道——不管是数字化的还是非数字化的，为各种类型的用户创造极致用户体验。

我会探讨——并且请你真正深入学习那些能够帮助你拥抱数字世界的观点和工具。我将教授你如何吸引你的用户，如何为他们创造消费体验，并且将他们打造成为你服务的社交媒体专家。

我希望你认真学习本书，对其中的新观点和战略持开放态度，它们都简洁易懂。你将得到更成功的商业表现、更高的利润和更满意的用户。

第 1 章　重新认识用户
三大转移与四大支柱

我们要直面一个事实：如今，大多数的用户体验可以说是灾难性的。

不要责怪自己，这些项目的失败并不是你的错。很多公司都被洗脑了，它们相信，只要使用了正确的软件和分析工具，并按照正确的流程，它们就能维护好用户关系，并且为用户提供他们想要的东西。

这种方法曾经有效。我们通过细分的方法来了解用户、分析用户——肤色、性别、购买力、年龄，并认为人口学是关键。

我们相信，用户需求（VoC）就是答案，用户关系管理系统（CRM）工具和顾客推荐指数（NPS）对于成功来说至关重要。[①]

问题在于这种方法经常是错误的。没错，是错误的。我们不能继续将过时的模型应用到如今高度连接和充满竞争的环境中。事实上，即使一个公司构建了合理的战略，在执行中也可能失

① VoC 是公司用来捕捉用户期望和用户好恶的工具。CRM 是公司用来维系和评估自己与用户关系以持续吸引和留住用户的工具。NPS 用来评估用户对公司产品和服务热情的指数。

败。根据对甲骨文软件公司的研究，有 93% 的管理人员认为，改善用户体验是其公司未来两年的三大优先事项之一，有 91% 的管理人员希望他们的公司被视为行业用户体验的领军企业。然而，许多组织陷入了执行鸿沟：37% 的管理人员才刚刚开始正式地提出用户体验计划，只有 20% 的管理人员认为他们的用户体验计划需要改进。[1]

新的开始：用户服务—工业联合体的没落

1961 年，时任美国总统德怀特·艾森豪威尔在他的辞职演讲中使用了“军事—工业联合体”这个术语来警示政府、军队和军事工业之间的危险关系。我把这个术语应用到用户体验领域，告诫商人现在继续使用“一刀切”的用户服务模式的危险性。

从 20 世纪 50 年代到 90 年代，在将近半个世纪的时间里，用户服务都比较简单，公司甚至几乎不与用户直接接触。大公司通过广告和舆论控制媒体，借助单向交流驱使用户选择特定的产品或者服务，它们只是简单地告诉用户使用一种产品或者服务的体验是怎样的。

成功的用户导向型经济中有个很好的例子，优步——一款打车软件。过去，乘客打车时没有选择的机会。有时乘客的体验好，有时体验差。他们除了接受，别无他法。优步带来的即时评价系统，使得乘客能够知道其他乘客在乘坐同一辆出租车时的想法和体验。同样，司机也能评价乘客。这样，乘客和司机就都可以选择不与有恶劣行为的人交易了。

在过去用户服务—工业联合体环境中，用户实际上是在盲目地选择。他们的社会关系有限（与今天相比），故没有可靠的方法来确定产品和服务的质量或价值。由于几乎没有其他选择，企业提供什么，他们就被动接受什么。电子产品供应商、包装消费品卖家、酒店和航空公司个个经验老到，而用户对此也无能为力。这种情况持续了几十年，直到互联网的出现。

> 欺凌用户的现象依然存在。例如，你是否曾经给有线电视公司客服部打电话，而他们却告诉你会在一周后的上午 8 点到下午 5 点之间提供服务。这就是糟糕的用户体验的极好例证。颠覆式创新者早晚会结束这种不以用户为中心的体验，这只是一个时间问题。

公平地说，用户服务—工业联合体的出发点是好的公司的确想要更贴近用户需求，因为他们发现这样能够提高销量。但由于他们试图在用户服务中使用流水线作业，为了提高效率、降低成本，他们只关注对自己重要的事情，开始以自我为中心，而不是以用户为中心。

出于这个原因，大多数 CRM 系统都是为了帮助企业向用户销售更多产品或服务而设计的。它们关注的是如何锁定有利可图的用户，并根据这些信息来进行资源配置。关于用户行为和购买习惯的信息被汇集到电子表格中，企业根据这些数据做出了宏大的营销和用户互动计划。问题是过程中没有人真正了解被我称为“用户灵魂”的东西是什么。没有人停下来确定用户类型，他们真正喜欢什么以及真正讨厌什么。结果，这些系统充其量只是浪费时间，制造痛苦，有时甚至会适得其反，造成破坏性结果。

使用 CRM 系统能够在实现你的企业目标的同时，还能提供更好的用户体验吗？答案是肯定的，但我发现大多数企业都更善于从欺凌体验的角度，而不是以一个颠覆式创新者的角度来使用这个系统，以帮助用户获得极致的体验。颠覆式创新者能够发现竞争性用户体验（即旧有用户服务）中的弱点，然后使用企业创新者的系统、方法和工具来创造非凡的用户价值。我将在这本书里介绍具体的操作方法。

帕布罗·毕加索是 20 世纪最知名和最有影响力的艺术家之一，他曾说：“每一个创造的行为，首先是一种毁灭的行为。”他是一个颠覆式创新者。为了彻底改变绘画的方式，他必须摧毁人们对艺术的原有看法。在如今的商业世界中，毕加索可能会做得很好。这与渐进式创新者有很大不同，他们不会破坏任何东西，只会在原来的基础上增加或减少一点点。

互联网崛起和用户连接的诞生

21 世纪初期，互联网的影响日益扩大，开始为用户所用，并引起了不可逆转的变化。众多连接点，比如点评网站 Yelp 以及购物网站亚马逊开始出现，为用户评价消费体验、点评产品和服务质量提供了平台。太棒了！企业再也不会为了自身利益单方面主导、随意提供服务了。

用户逐渐占据了上风，掌握了控制权，用户服务和以前大不一样。各种各样的评价系统出现了，告诉用户什么可以买，什么连碰都不要碰。还有博客出现了，它们揭露了企业恶劣的服务和糟糕的消费体验。

也就是说，可以将任意两个事物连接起来的连接机制出现了，极大地影响了不同规模的企业的成功。比如 Nest，这是一种可以监控家庭电力消耗的技术，家庭成员可以根据其监控信息进行自我调整，从而节约用电。通过 Netflix（奈飞公司）的连接机制，人们只需每个月支付一小笔费用，不用交滞纳费，不用再跑到实体店，就可以通过网络在家里看电影和电视剧，从而对电影行业形成了巨大冲击。

问：你还想和多少家自私自利、只顾自己的企业进行商业合作？

答：一家都不想。

超关联经济中的用户连接

20 年前，大部分人都还没有电子邮箱，智能手机更是只出现在科幻片里。笔记本？只有纸质的。便携式电脑？又重又贵又难买。

如今，电子设备无处不在。移动科技的应用非常普遍，很难遇到一个没有任何数字连接的潜在用户。用户现在有极其多的选择，使他们可以在任何时间、任何地点购买任何东西，而且有各种各样的价格和质量供他们选择。或许更重要的是，只需拇指动几下，他们就可以购买、售卖、给予好评或者差评。

与其对现状视而不见，假装用户没有这种能力，我们不如拥抱变化，打造极致的用户体验。这种用户体验能够超出用户的期待，并且体现出对用户好恶的深刻理解。这种体验非常出色，甚至使得用户自觉为我们做市场营销。要想创造这样的体验，就必须真正了解用户的心理和想法。提前说明：对于了解用户的好恶这点，我会花费大量的篇幅去讲，因为这是如今你在商业中能做的最重要的事情。

识别你的用户：用户类型 VS. 用户细分

在我们生活的世界里，已经没有办法仅仅根据用户的年龄、民族、经济状况、性别和地理分布对他们进行分类。用得好，这种分类方法也不会让企业走上巅峰；用不好的话，这种分类方法还会导致企业破产。

为了更好地理解用户类型和用户细分的区别，请回忆你的高中生活。我上学的地方，大家都是 16~18 岁的高加索少男少女，他们大部分出生于富裕家庭。实际上，我所在的毕业班有 90% 的同学都符合这个统计特征。因此，根据市场细分，我们基本上都会被划分到同一类别里。对吧？

错。

如果你观察我所在高中的餐厅，就会发现里面分了很多小圈子，如果坐错了桌子，进入了错误的圈子，基本上就等于宣布了社交死亡。很多理论显示，即使成年以后，我们仍然会受到高中时期的社交困境的影响。

这些高中的圈子就是根据孩子们的好恶构建和划分的。如果你对 Java、Python 和 C++ 感兴趣，那么你有很大概率会坐在极客圈子里，桌子上放着你的新苹果笔记本。如果你崇拜勒布朗·詹姆斯，是校篮球队的成员，并且了解你最喜欢的 NBA（美国职业篮球联赛）球星的战绩记录，那么你绝对不会和极客们坐在一起，而会是校运动员圈子的一员。而啦啦队队长和乐队成员在一个圈子吗？不，我觉得不可能。

这些圈子在我们毕业后不会消失，相反会伴随我们一生。当然，随着我们年龄的增长、建立起自己的事业、发现更多不同的爱好，这些圈子会改变，甚至还会和其他类型的圈子出现重叠。但我们还是会喜欢某些东西，厌恶另外一些东西。

要想创造极致的用户体验，作为商务人士，我们首先必须要更加了解用户，再向不同的用户类型提供对应的服务。一旦能够真正了解我们所在行业的用户类型，就可以通过数字以及非数字途径，对不同类型的用户在其用户之旅中进行用户体验的创新。

这些“圈子”，或者说“细分”，就是用户类型，而用户类型可以通过两个非常简单的概念划分和定义：

1. 用户喜欢什么
2. 用户讨厌什么

就这么简单吗？是啊。

倾听：新型用户体验

绝大部分企业组织内的人都相信自己已经提供了极致的用户体验。但对他们的用户进行关于其服务质量的相关提问时，结果却并非如此。绝大部分用户认为企业并没有提供超凡的用户体验。[2] 所以，是什么造成了如此巨大的脱节？

大部分企业尚未从用户服务—工业联合体过渡到如今高度连接的世界。它们采用的仍然是老式的客服手段和模式，关注的仍然是自身的利润，而非用户的好恶，正是这些外部事物才是它们应该关注的唯一重点。要想成功，必须学习并采用这种新型的用户体验。

三个基本原则创造超凡用户体验

如今要想成功，需要遵循本书中表达的三个原则。成功不是粘贴在电子表格里的微积分算法，在一个“客服培训”研讨会上复制一下就行了。相反，成功源自以下三个原则：

1. 理解你的用户，站在用户的角度把握他们的好恶，而非简单的人口统计学角度。

2. 创造超凡的个性化体验，需要涵盖五个触点（本章后面会做出解释）：预触点、首触点、核心触点、末触点和内触点。

3. 采用数字或者非数字手段实现这些超凡的体验。

就这些。这就是秘诀，并非什么难以实现的事情。

用户需求的三个转移

本书提出并且支持用户体验的三个权力转移：创新转移、用户转移以及连接转移。这些转移将决定你的事业前景。它们代表了成败，用户服务—工业联合体模式终将失败，而认可用户的力量将会带来成功，为用户提供超凡的体验，他们就能为你带来奇迹。

我想着重强调下这三个权力转移发生在所有五个用户触点（本章后面会详细讨论）。这种修复并非立竿见影。相反，在用户体验的整个过程中，你都必须结合这些变化去迎合每一种类型的用户，无论是采用数字还是非数字手段。现在，让我们继续研究这三个权力转移及其对你的业务的影响。

创新转移

在用户服务—工业联合体的时代，世界上最好的企业发明产品，销售这些产品并获得利润。这些企业只需要告诉用户他们能够获得的体验是怎样的，就能够轻松达到目的。

创新转移就是创造各种各样的产品和服务以满足各种你能够想象到的目的，它是如今价值 / 价格饱和社会里激烈竞争的结果。因此，成功的企业采用颠覆式创新来创造超凡的个性化体验。优步就是一个颠覆式创新的绝佳示例：优步并没有发明出一种新的出租车，但是它彻底改变了我们打车的方式。同样，Netflix 打破了在家看电影的障碍，创造了一种只需每月付费的新的观看体验，而不会收取其他额外费用。

过去，商家靠发明亮晶晶的产品吸引用户；未来，企业的成功则要依靠创新来发明全新的卓越个性化体验。创新转移影响巨大，但大多数企业组织还未把创新视作核心竞争力。谁重视创新，谁就能够取胜。就是这么简单。

用户转移

现在的用户在购买一样产品或者服务时拥有不计其数的选择。他们坐在通勤列车里，坐在星巴克里，无论坐在哪里，只要有网络，就能够完成假日购物，在易贝网上买辆车，或者搜索下载最新的苹果手机应用。

更重要的是，只需要点击几下，他们就能够对你的公司进行审查筛选，决定是否要成为你的用户。这在他们处理日常事务的同时就能够完成。

用户权力转移非常关键。这意味着掌控权已经从商家的手中转移到了用户手中。如果你提供的产品或者服务非常差劲，你将无处遁形。用户会对你进行审查，审查信息将被永久分享在整个网络空间中。

另一方面，如果你的产品和服务非常优秀，这将对发展你的业务非常有利。如果你积极接受这种权力转移，同你的用户建立伙伴关系，把他们视作业务成功的关键（事实也的确如此），那么他们自然会关照你。他们会在各个社交媒体渠道宣传你的优秀，事先为你做好铺垫，让未来用户通过谷歌、Yelp 或者其他方式搜索到你获得的服务评价。

亚马逊可以完美地说明这一点。这家公司充分了解用户的需求以及他们的好恶，并且每次都能够准确实现。实际上，亚马逊是用户转移这个概念的创造者。它不仅创造了购物的超轻松感觉，还创造了一个基于用户的动态评分体系，几乎实现了无风险购物。

连接转移

你的每个用户在醒着的绝大部分时间里，都在上网。这句话的正确程度令人吃惊。2013 年，谷歌公司联合尼尔森公司研究了 6 000 多个手机搜索以及它们的搜索结果。下面是研究的一些发现：

- 平均来说，每一次手机搜索会引发两个后续动作。
- 55% 的转化（实体店、线上或者通过手机消费）发生在 1 个小时内。
- 73% 的手机搜索会带来附加的动作和转化。
- 研究的所有搜索中，几乎一半是“目标导向型，并且是为了辅助做出决定而进行的”。[3]

研究过程中，谷歌公司创造了新词：“移动时刻”和“微时刻”。

引用谷歌公司网站的一段话：“手机永久性地改变了我们对品牌的认知。它把消费过程细分成上百个实时的、带有目的性的微时刻。每个微时刻对于品牌来说，都是一个影响决策和偏好的重要机会。”[4]

简而言之，可能你的公司在这一刻就正在被搜索。潜在用户正在审查你的线上声誉，以判断是否值得和你做交易。主导权现在由用户掌握。但是否进行创新，是否提供超凡的用户体验则由你决定。图 1–1 说明了在如今超关联的世界里，事物与事物之间是如何连接的。

图 1–1　当今的超关联

底线

你需要记住的最重要的东西就是必须花费时间和精力去了解你的商业所服务的用户类型，然后了解这些类型的好恶。就是这么简单，但同时也非常困难。

从办公室里走出来，同你的用户约会，自己当一个星期的用户，去体验用户的体验，这些都将花费大量时间和精力。但只要你做了，就会发现最需要创新的痛点。

如今的商业生态带来的好处是无价的。现实是，你不这么做，就会失败。这只是早晚的问题。

现实扭曲力场（reality distortion field，RDF）最初用来形容史蒂夫·乔布斯的个人魅力以及他的魅力对苹果电脑发展的影响。这个词现在被用来描述领导者的个人魅力和热情对一个商业项目的规模及难易程度的影响。我想用这个词给你提个醒：我相信大部分企业都处在一个现实扭曲力场之中，它们幻想着只要能够在一两个触点上提供用户服务，就有能力在这个超连接的、竞争超级激烈的经济中取得优势。但它们错了，只要实现极致用户体验的任何一个触点中还存在缺口，你的生意就会受挫。

所以，如果你能认真收集并获得用户的资料，把它用到用户和公司的整个交易过程中，在所有触点通过数字手段和非数字手段对用户资料进行充分利用，你就会远远超过你的竞争者，把他们甩在身后。

创造完美用户体验的四大支柱

要想打造完美的用户体验，除了三个转移，还需要四个支柱。这四个支柱是本书的核心，做到了这些，你成功的概率就能大幅度增加。

利用这四个支柱，我们把客服当作一个系统性的过程，而非一个电脑应用或者培训手段。以用户为中心的创新文化必须渗透业务的方方面面。在这一部分中，我会教你如何做到。

设计

在写我的前两本书时，我有幸研究了全球最好的一些企业组织。这些企业将超凡用户体验看作一种设计活动，这种理解同过去对用户体验的看法完全不同。

如今，设计一种体验，就是思考如何取悦用户。你应该采取的思路是“我该怎样创造真正适合这种用户类型的服务”。

不要再把客服当作是提供一种最佳实践方式，应该把它当作一种设计行为，你可以在各种触点的画板上创造各种美好的经历。如果你擅长这种客服方式，就能够在留住老用户的同时赢得新的用户。

文化

当你走进任何一家餐厅或者社区的商店时，立刻就能够判断这里服务质量的好坏。判断依据包括这里客服人员脸上的表情、场所的氛围、是否干净整洁，甚至是气味，这些都是公司文化的外在表现。

文化

我现在正在为全球最大的连锁餐厅之一提供服务。在过去的几周里，我一共去了20多家门面，每到一家餐厅，我首先注意到的都是它们的柜台人员特别生气或不耐烦的表情。这家公司文化里的悲观情绪非常明显。

> 人无笑脸休开店。
>
> ——中国谚语

股东希望为心怀远大使命和善意的公司服务，你希望雇用的是认同公司使命的员工。这里的使命就是实践有意义的事情，而不是追逐利润。利润只是附加的好处。

要想吸引优秀的人，自己首先需要成为优秀的人，这就是能给你带来成功的文化——真正建立一个清晰并且获得内部一致认同的为人服务的使命。越是注重钱财，赚的钱越少。越是注重实践终极的价值观，并且能够建立以使命为核心的组织文化，赚的钱越多。

为传递善意而做好事的企业，才能够吸引优秀的人才。

洞察力

25 年来，我花费上百万美元对那些失败的创新进行了研究，深知洞察力的重要性。作为一个企业家和创新者，我也发明过一些蠢得匪夷所思的东西。如果我能够对其中的大部分做一些粗略的总结计算，就能够更深入地了解它们，也就不用浪费这么多时间和金钱了。

洞察力

所以，与其从内在的现实扭曲力场着手，不如先深入了解一下人们的好恶。同样，如果我真正做到了这些，就不用浪费上百万美元了。

25 年来创新的成功和失败，让我学到了最重要的一课：

创新很简单。困难的是知道应该做什么创新。

同样，用户体验很简单。困难的是了解用户们喜欢什么，讨厌什么，这样你才能够提供用户喜欢的用户体验，并且吸引回头客。

《哈佛商业评论》的工作人员最近做了一项研究，结果发现，那些用户能够看到厨师备菜的餐厅所供应的食物通常味道更好。顾客们享用食物时，厨师能够立即得到反馈。因此，厨师能够提供更美味的食物。[5]

用户类型

了解你的用户已经不仅仅是根据他们的民族和财富进行划分，而是深入地了解他们喜欢什么，讨厌什么。只有掌握了这些信息，你才能够创造出终极的、合适的并且非常人性化的用户体验。

用户服务最终的战场不在于什么最新的培训会议，而是如何在五个触点领域都创造出超凡的、合适的体验。而要想实现这些，就必须真正了解你的用户类型。

用户类型

当 iPhone 6 问世时，苹果公司提供了四种不同的型号。其真正原因是苹果公司研究了苹果手机的用户，并将他们划分为四种类型，针对每种用户类型，公司准备了不同的手机型号。

苹果是全球最成功的公司之一。它投入成百上千万美元进行研究，以保证它的手机能够满足所有的四种用户类型。尽管你不必花费几百万美元来为你的用户提供优秀的产品和服务，但是识别你的用户的类型，掌握他们的好恶仍是当今商业的长胜法宝。

触点重击

创造完美的用户体验需要将以上提到的四大支柱结合，并运用于贯穿整个用户消费之旅的每个触点上。在现实世界中，相关的触点数目各不相同。我曾为一家国际豪车生产商服务，这家公司做出的计划里有 632 个触点！你能想象要在这么多的触点上施行营销计划有多困难吗？况且起不起作用还是另外一回事。

我想尽可能给你一些容易理解且容易执行的东西。我把用户消费旅程分为 5 个有内在联系的触点（如图 1–2 所示）。这也许不是什么高深的理论，却真实存在。要想取得成功，触点至关重要，后面我会针对每种触点，用整整一章的篇幅来讲述。这里只是提及这个知识点。

图 1–2　5 个触点

预接触时刻

这是研究阶段，可以采用数字手段也可以采用非数字手段。

想想我之前提到的移动时刻和微时刻，数字预触点就是潜在用户在网上审查你的阶段。他们用谷歌搜索，在 Yelp、亚马逊或者其他网站上查看点评。也就是说，他们在和你发生接触之前，就已经在网上研究你了。轻视预触点的后果是自找失败。随着时间的推移，你会越发了解它的重要。

预接触也可能是非数字的。如果你有实体店，路过的潜在用户对它的印象是怎样的？用户停车的时候，对它印象如何？开门进店的时候，印象如何？用户面对的是笑脸还是愁眉苦脸？这些都会对预接触产生影响。

首接触时刻

妈妈辈经常说："第一印象会持续一生。"首接触也同样如此，它奠定了用户对你的产品、品牌或者服务永久性的看法。如果首接触感觉不好，以后很难补救。相反，如果你的首接触非常棒，那么接下来就好说了。

如果说用户在预接触阶段是对你进行审视，那么在首接触这个阶段，他们就是开始和你产生实际关系了。和所有触点一样，这一阶段的关键也在于为所有用户类型提供极致的体验。识别这些用户的类型，把握他们的需求，然后满足他们的这些需求，而且是完美地满足。美国加利福尼亚州迪士尼大酒店就是个绝好的例子，它的预接触服务一流。走进酒店，会有热情的员工迎接你，每一个人，从小孩到配偶再到你的父母，都能享受到贵宾式的服务。它让你感觉宾至如归，在全球最欢乐的地方开启惬意的假期。

核心接触时刻

你的用户正在使用你的产品、品牌或者服务。你需要日夜不停地提供这些产品。仅仅获取用户是不够的，你需要不断创造更好的方式以全程服务你的所有用户。Trader Joe's（下称乔氏超市）在核心接触方面做得非常到位。日复一日，周复一周，乔氏超市总能讲出新的故事。秋天，商店供应南瓜味饼干和咖啡；春天，商店供应新鲜蔬菜和花朵。员工一个个笑容可掬，乐于助人，并且也非常愿意在这里工作。正是乔氏超市对细节的关注成就了自己。

末接触时刻

一次体验的末接触时刻就是用户购买产品或者服务的最后时刻。（其实，理想状态下是不应该有末接触时刻的，你会和用户有更多的接触。）在末触点，你要为用户送上最难忘的送别，让他们有在这里反复消费的冲动。这种方式是为了感谢他们选择了你，也是为了告诉他们你很珍视这次经历，并且希望他们同样珍视。

内接触时刻

这部分是指用户消费结束后，你应该在何时，以何种方式和你的用户保持联系。要实现这一目的，你不能有任何向他们销售产品的念头，而是要友好地、源源不断地为他们提供价值。你要让他们自愿回头来找你，而不是用“仅此一次”的诡计诱骗他们回头。

用户管理软件包常常被用来向人们销售产品，它能够让企业和用户保持联系，目的是让用户购买一些其他的产品。但用户不喜欢，甚至讨厌这种方式。所以，你要不断传递新的价值。只有当你确定用户们必需一种产品的时候，才向他们销售。

—— 秘诀 ——

事实证明，用户服务这个新的知识体系是有其科学性的。本书展示了如何用数字及非数字手段有预见性地为各种类型的用户提供持续的极致用户体验。自身经验告诉我们，这个方法每次都会奏效。

你唯一要付出的东西就是必须愿意去了解、接受学习新需求以及看待新客服方式所带来的不适。

阿尔伯特·爱因斯坦说过："衡量智慧的标准就是改变的能力。"这同样适用于当今客服领域内的权力转移。

第 2 章 “微市场”的价值叠加

从细分市场到细分用户

用户类型的核心是用户信仰——他们所喜欢的和所厌恶的。当你能够在情感上和其他人产生共鸣时，就能够发现自己的力量所在。你将掌握如何为用户提供对口的产品和服务，用户们会因此而记住你，进而为你带来更多的业务，并且向他们的朋友推荐你的产品和服务。

这个观念看上去很简单，一点儿也不高深。你或许甚至在想我为什么还要阐述它，但事实上，在绝大多数企业眼里，用户都是“单一群体”，只是其销售产品和服务的对象。本书观点的核心是异常激烈的竞争要求我们更加精确地识别我们的用户类型，这样我们才能够创造更好的、更合适的用户体验以获得他们的支持。

一旦你识别出了用户群内部的用户类型，在提供用户服务时就不会再参照一些没用的根据，比如一个 30 岁富裕的西班牙女性。对于 30 岁富裕的西班牙女性群体来说，认为她们拥有同样的好恶是一种冒犯。虽然她们有着类似的年龄、收入水平、民族或者性别，但单单根据这样一个条件就想提供超凡的、最重要的、对口的用户体验，是不够的。

识别你的用户类型是要从你的用户“是什么样的”转变成你的用户“是谁”。世界上最好的企业能够了解用户的好恶。它们理解不同的用户类型，并能为每一种用户类型创造不同的超凡体验，正因如此，它们极具竞争力。

> 当你是通过用户的好恶（类型）了解他们，而非人口特征（比如肤色和收入多少）时，你就开始提供对口且让人印象深刻的个性化体验了。关于用户体验，企业最常犯的错误之一就是误以为只要用户满意自己提供的产品就足够了。在过去用户服务—工业联合体的时代里，这种看法没有问题。但是身处现在互相连接的经济社会中，用户有更多的选择，企业就必须做到超出用户的想象。用户体验的关键在于用户的期望值和企业的实际产品质量。当你的产品远超出他们的期望值时，你就会给他们留下难忘的用户体验。这样，你就会取得空前的利润和增长，因为用户会不断讨论你。

走进一家苹果店，销售代表做的第一件事就是弄清楚你属于哪种用户类型。你是只想买条手机数据线的交易型用户，还是想试用下最新款的笔记本电脑？你对价格是否敏感，想每一分钱都花得值得？一旦销售代表明白了你的敏感点，他们就会给你提供相关的用户服务，提供你想要的东西。

我最近和一个地产经纪人聊天，她去了一家汽车经销商那里买车。她的工作是向婴儿潮一代的成功人士销售豪宅，她的用户都是一些非常干练的人士，所以她希望新车能够配备豪华的后座，要足够高以方便她的用户上下车。但是汽车销售人员只介绍了车的发动机和悬架，不仅没有提供她想要的信息，甚至连她的需求是什么都不了解。无须赘言，她走了，车没买成。

如果你能够识别你的用户类型并且以此为销售依据，就能够提供超凡的用户体验，从开始的一小部分用户到后来的该类型全体用户，最后到所有类型的用户。

成为客服领域的佼佼者

我崇尚简洁，所以想为这本书的读者提供一些通俗易懂，最重要的是，简单实用的内容。因此，我提出了一些非常简单，非常容易理解的公式，它们会贯穿整本书。这两个关键公式分别是：“权力转移洞察力公式”和“极致用户体验创新公式”。第一个公式将帮助你认识用户的痛点，让你能够充分理解并识别你的用户类型。第二个公式是一个“四步走”的过程，它将帮助你实现世界级的用户驱动型创新，我把这叫作 CDI（Customer Driven Innovation）。

权力转移洞察力公式：H+L=CT

掌握用户厌恶什么（H: Hate），喜欢什么（L:Love），就等于掌握了用户类型（CT: Customer Type）。

就这些。我说过，非常简单。

我的家乡有一家特别出名的玉米煎饼店，叫作Burrito Bandito，那里的煎饼味道举世无双。这家店非常受欢迎，经常排长队。我也很爱吃这家店的煎饼，但我还是不会去那里买，因为我更讨厌排队。而我的太太，喜欢吃煎饼胜过讨厌排队，所以她还是会去那里买煎饼。我们两个就是不同的用户类型：如果她喜欢一样东西，她会为了这样东西去排队，而我刚好相反。

极致用户体验创新公式：N+O+D+E=CDI

经过三年的研究，我发现了创造用户驱动型创新（CDI）的四个步骤，它能够让你为不同类型的用户提供最好的体验。这个公式也很简单，首先是定位（N: Navagating）你的用户所在，然后观察（O: Observing）用户的好恶，再设计（D: Designing）令人眼前一亮的新型用户体验，最后果断执行（E: Executing），并对结果进行估算。这四个步骤让你轻易成为用户体验的超级巨星。图2–1说明了这个创新公式。

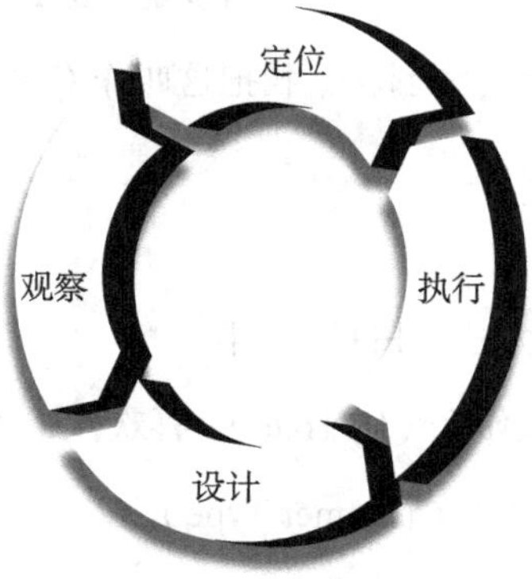

图2–1　极致用户体验创新公式

市场细分的角色

过去，市场细分一直是一种销售工具，用来指明如何销售更多的东西。在数字和非数字的世界，细分仍然有其用武之地。比如，如果你想吸引西班牙市场，可能就需要给你的网站设置英语和西班牙语两种语言。如果你想吸引医生用户，就要使用一些特定的用词和资源库。

市场细分的这种营销方法已经不能再用来研究如何设计超凡的、对口的个性化体验了。了解你的用户不是这样做的。不幸的是，过去我们要么把用户视作一个细分市场（30 多岁、富裕的西班牙女性），结果就是无法再将其继续划分成不同的用户类型，也无法真正了解到用户不同的好恶；要么就是尝试更进一步定义用户，却也只是采用了一种容易识别的统计学工具，因而无法真正了解用户是谁。

有时候会有人问我，细分和用户类型是否有重叠。我的回答永远是：“是，也不是。”举个例子。殡葬行业的一个用户了解到退伍军人是用户群的一个细分，过去这个用户对退伍军人群体采用和其他的用户一样的方式做营销。他让我帮他寻找在对该群体做营销和服务的时候，是不是还有一些他没有注意到的独特特征和需求。

我的团队发现退伍军人这个群体和其他用户类型的关注点存在巨大差异。例如，纪念军人的一生要用特定的方式，葬礼的举办也同样如此，采用特定的话语，甚至对于死亡也有特定的表达。因此，我的用户专门针对退伍军人用户群体准备了一系列材料。

避免“一揽子”用户服务，实现用户满意度最大化

在如今竞争激烈的市场环境里，继续提供“一刀切”的用户体验肯定死得最快。我们服务的都是细分市场，但每个细分市场内部还有不同的用户类型，用户希望能够根据自己的好恶来使用我们的产品和服务。

以美国西南航空公司为例。要想在航空产业中获利（世界上最恶劣、竞争最激烈的市场之一），就要服务于一个巨大的市场，也就是所有乘客。然而，在这个巨大的市场内部，还有代表着不同用户类型的不同的“微市场”。

我出差时，经常搭乘西南航空公司的航班，这家公司针对我这种旅客类型专门设计了一种用户体验。只要在买票的时候多付一些钱，就能够成为优先登机的 15 个人之一，还能保证有地方存放随身行李。商务差旅无法接受航班取消的状况，西南航空公司准点的飞行时刻表解决了这个需求，我才能够准时参加用户会议和演讲活动。其他航空公司无法保证准点起落，西南航空公司却少见延误。

西南航空公司知道要想成功就必须争取除了我这种类型旅客之外的更广阔的市场，因此它制订了价格策略以保证每个人都能搭得起它的飞机。西南航空公司在选择目的地城市和机型的时候

也非常精确，这有助于它降低服务成本。

它们还专门针对残疾人提供了一种服务。残疾人无须出示医生诊断或者其他残疾证明，只要说自己是残疾人就能优先登机。这种方式简便、体面而且令大家满意。西南航空公司对待青少年就像对待贵族一样。他们会收到一个可以别在身上的飞行章，还能见到机长。对很多孩子来说，这可能是他们小时候最值得记忆的经历了，而且这有助于缓解一些人的乘机焦虑。西南航空公司了解它的用户类型，并且对如何服务每种用户十分了解。

西南航空公司值得一提的地方还有很多，但是就我们的目的而言，重要的是要意识到一家公司想要成功，首先需要识别它的用户类型。只有做到了这点，公司才能为每种用户类型创造对口的极致用户体验。如果西南航空公司只是服务常规旅客和其他更有利可图的用户，是无法像现在这样成为航空产业的领导者的。

它的成功秘诀在于：

- 关注微市场
- 识别用户类型的范围
- 为所有用户类型创造完美体验

为什么主流专家都是错的

如果你要和出生于用户服务—工业联合体时代的用户专家交

流，他们不会同意我前面说的每句话。他们会争论说，你应该辨别最有利可图的用户，只为这部分人创造极致的用户体验。如果你像我一样，可能就会想："为什么要排除其他能够带来利润的潜在用户？"你还会想："为什么不寻找一种方法，让这群所谓'无利可图'的用户变得有利可图呢？"如果你也是这个思路，就对了。

> 我不想让我的墓碑上写道："长眠于此的是尼克，享年100岁，家境富裕，白种男性。"这简直无法想象！
>
> 我觉得没有人希望后世用这种方式来记住自己。这不是我们真正的模样。要想销售自己的产品和服务，要想和他人建立情感联系，要想做到最好，我们需要了解他们。我们需要了解他们是谁，而不仅仅是用人口统计学的方法去认识他们。

来看另一个例子。每天早晨，我会和一帮人一起跑步。我们都30多岁，收入还不错，白种人。但其中一个人是保守党，另一个是自由党。一个人非常相信宗教，另一个人是无神论者。我们属于同一维度的细分市场，但爱好和憎恶却截然不同。如果根据性别、年龄和收入来做用户服务，我们中只有一小部分人会喜欢，并非所有人都喜欢，因为我们的好恶不同。但如果根据我们的用户类型，识别了我们的好恶，我们的用户体验就不同了。做对了，用户体验可以满足所有五个触点的需求，达到惊艳和极致。

以跑鞋为例。根据人口统计学的性别、年龄、社会经济地位和民族，我的跑友和我应该喜欢同样的跑鞋，对吧？当然不对了。更重要的是我们是跑还是快走，我们是否受过伤，是否经常跑步还是刚刚开始等等。你不能根据经验数据来决定我们讨厌什么或者喜欢什么，因为这些信息无法支撑极致的体验。极致意味着息息相关，每个人对此的定义是不同的。选择合适的跑鞋时，宗教就没什么用了。人们根据如何使用这些跑鞋来进行选择，CRM 数据无法为你提供这些信息。

创新成功 VS. 失败：一个简单的策略

作为一个管理顾问和成功的发明者，我已投身创新领域 25 年。在浪费了数百万美元，也为用户研发了一些莫名其妙的糟糕产品之后，我终于明白了一个颠覆人生的道理：

> 发明很简单……发明什么非常难。

通过研究各个时代最好的创新者，我认识到，这些人在选择要发明什么东西的时候极其明智。大多数人为用户发明的产品或技术都是不完整的。他们假设需求和问题，再根据这些假设进行创造。他们缺乏对于用户好恶的观察和了解。想想时至今日成千上万的新产品和新技术的注册商标，只有 2% 是成功的。这些技术也许非常棒，但是这些产品对于用户来说是无用的。

一些人根据他们的潜在用户的喜好创造一种很棒的新产品，但是没有给终端用户做测试，因而无法及时避免失败。Crayola（绘儿乐）是一家非常优秀的公司，经营优秀，产品也优秀。但即使再好的公司也并不总是成功的。Crayola想到了生产彩色泡泡的点子。从概念上来说，这个想法没问题：小孩子喜欢吹泡泡，也喜欢色彩。把这两者结合起来能够给小孩子提供非常美好的体验，是这样吧？简直糟透了。结果是这些彩色的泡泡沾到哪里，哪里就会被染色——地毯上、窗帘上、小孩的脸上，到处都是。尽管这个产品仍在销售，但是在社交媒体中评分很低。如果Crayola事先让一些父母和孩子试用这种产品，也不致生产出会染色的产品。Crayola是世界上最优秀的品牌之一，但是在创新过程中，谁都有可能犯错。

就像我说过的，所有伟大的创新都源自对用户好恶的准确把握。用户体验到的，你也要体验才行。对用户了解越多，你提供的用户体验就越对口。

这里就有一个很明显的问题：你怎样才能知道要做出什么创新？答案也很简单：根据你用户的好恶来识别他们的类型。Crayola了解孩子们的喜好，它在这方面是专家。但不幸的是，这次它提供的用户体验是不完整的，没有经过用户的体验。

来看看消费品行业。诸如宝洁公司这些伟大的企业都善于把握用户的好恶，因而才能提供满足需求、实惠并且受欢迎的产品。它们在消费品领域创造了完整的产业门类来满足用户的好恶需求，它们从笨手笨脚迅速成长为老练的选手。

人们讨厌清理厕所，所以高乐氏公司生产出了各式各样的洁厕工具以满足不同类型的用户的需求，因为并不是每个人讨厌清理厕所的原因都是一样的。一些人喜欢消过毒的厕所，宝洁就推出了强杀菌产品。另外一些人更在意气味，宝洁就推出了一系列针对性产品。还有一些人讨厌亲手清理厕所，宝洁就推出了高乐氏厕盆自动洁厕灵，这样用户就不用动手清理厕所了。

最好的创新和个性化体验都是基于精准的用户心理研究而创造的。你慢慢会发现，当我们找到服务某一类型的用户的方法时，我们同时也为所有类型的用户提供了新的便利。

价值叠加：极致用户体验的秘密武器

当我们把一系列用户类型的好恶分成非常细小的颗粒之后，价值叠加效应就出现了。在创造越来越好的用户体验的同时，我们也在不同的用户类型上堆叠价值——对一种用户类型有效的价值对另外一种也有效，这样我们就能够获得完美的个性化体验了。

如果快餐店售卖的汉堡很美味，但是要排很长的队，它就只能卖给那些喜欢吃汉堡又不介意排队的人。可以雇用更多员工或者开发一种更高效的汉堡生产系统，来解决排队问题。而最好的公司两个方案都会采用，它们能够清楚地识别出用户的类型，并且了解用户的好恶。

了解你的用户类型：传递有力的信息

我的演讲日程每年都很满。我登台的时候从不担心要讲些什么内容。相反，我会思考台下的观众都是什么样的人。我花了很长时间才意识到，演讲本身并不重要，唯一值得关注的是如何让台下的观众把我的演讲听进去，并且让他们理解。我希望台下的每一个人，而不是一部分人，都能够从我的演讲中获得智力和情感需求的满足，被我的信息所触动。

我花了很大力气才明白这个道理。几年前，我在一个大型癌症医院为一群医生和护士做演讲，在准备过程中，我以为观众会想听一个战胜癌症的悲伤故事。没有任何证据支撑我的这个判断，我就是这么觉得。于是，我讲了一个关于癌症的非常动人的故事。结果非常糟糕。

我后面的演讲者讲的内容非常空洞，却让观众们开怀大笑。他传递了幽默感，最终被评为最佳演讲者，而我则是倒数。

我没有花时间去真正了解我的观众，他们是谁，他们想听我讲什么。他们当然了解癌症的恐怖之处，因为他们每天都要面对。他们想要的是开怀大笑。如果我当时肯花时间和精力去为我的观众划分类型，我肯定能大获成功，因为我太能逗人开心了。从那以后，我再也没有犯过同样的错误。现在，世界上鲜有演讲者能在会前比我花更多的时间来了解观众了。我知道我的观众是谁，知道他们想从我这里获得什么，然后全心全意地按照这些去演讲，因为这才是最重要的东西。

极致个性化体验的基础是确保你的设计是有用的。

如果我想寻找一款最新的、功能齐全的智能手机，但销售代表却给了我一款最便宜、最小的手机，这就不是让我感兴趣的一次体验。如果我不感兴趣，就不会产生共鸣。

相关性是超凡体验的先决条件。

苹果公司非常善于打造超凡的用户体验旅程。它会不着痕迹地探寻用户喜欢什么，讨厌什么，然后会为这种特定的用户类型提供量身定制的体验。

当一次体验做到量身定制时，自然就能变得不同寻常。相关性是一次超凡个性化体验的基石。

你的销售代表也是你的用户，他们也各有不同

第 1 章里提到了我曾为一家豪车生产商提供服务，就是提出了 632 个触点的那家，在为其服务的过程中，我发现了一个能够说明了解用户重要性的绝佳案例。在发现这个案例的过程中，我们还看到一个用户类型的非常重要的层面。

这是一家家喻户晓的大型公司，在全球大约有 50 万名员工。公司高层花费了上千万美元用于最新的分析研究，但是除了那些数据库和电子表格，他们忽略了一个非常基础却非常重要的概

念：他们没有细分他们的经销商类型。他们没有和汽车经销商进行有效的针对性沟通。相反，只是简单地做出“大型经销商”和“小型经销商”的划分。这是个巨大的错误。

当和经销商们面谈，了解了他们的好恶时，我们发现了三种截然不同的经销商用户类型：激进主义者、实用主义者和消极主义者。这三种经销商类型基本上平均地分布在大型和小型经销商里。很快人们就意识到，经销商规模的大小远不如它们的类型重要。

> 一个公司可能不只有一个层次的用户类型。在上面的例子中，就包括经销商、供应商、高层管理人员、中层管理人员、基层管理人员、批发商、零售商等等。

激进主义者们热爱汽车品牌的全部。他们自己开这个品牌的车，他们衣服上标有这个品牌的标识，圣诞节他们送给配偶的小饰品是这个品牌的，他们让身边的每个人都知道自己为这个品牌工作，并且热爱这份工作。他们对公司怀有同样的信念，对市场部推出的任何东西都全盘接受。

实用主义者则是一群不同的人。这些经销商是一群生意人，他们把汽车品牌视作货架上的产品。实用主义者在这里工作是因为他们想把汽车变成利润。仅此而已，非常简单。实用主义者对品牌的态度很实际，要能畅销，要利润空间大，公司要花钱促进销售。他们的兴趣点也很实际可行。如果品牌能够让他们赚钱，他们就喜欢这个品牌。如果不能让他们赚钱，就不喜欢这个品牌。他们绝不感性。

消极主义者是最后一种，也是群体最大的经销商类型。这群人认为，汽车生产商恃强凌弱，不断逼着他们卖出更多的汽车。消极主义者认为，公司对他们的期望值过高，不切实际，给他们提供的支持少之又少。如果没有用户来花钱，消极主义者就会离开，加入另外一家公司。

> 用户类型有一条严格的规定……就是根本就不存在任何严格规定。
>
> 没有适用于所有公司的固定用户类型。这本书将告诉你如何针对你的产品、服务和市场建立一种新的类型。
>
> 不好的一面是，你必须卷起袖子深入探索，这会花费大量时间和精力。识别用户类型需要有策略地倾听以及对接触点创新和“用户之魂”的理解（随后都会做出解释）。在整个过程中，你会学习如何在整个用户旅程中提供超凡的、对口的个性化体验。

前面说到，这家汽车公司沟通的时候把经销商都看成同一种用户。在我的团队解释了不同的经销商用户类型，为公司管理层展示了每种类型用户的偏好之后，管理层意识到公司和经销商沟通需要三种不同的方式。对激进主义者有效的沟通方式，在消极主义者那里反应平平，甚至起到反作用。在这之前，公司在市场营销、公司培训甚至财政激励方面，对经销商一直采用单一的方式。这种不精准而且有害的沟通方式使他们浪费了上千万甚至上亿美元。

随后，我们帮助公司建立了三种不同的信息传递机制，可以让公司有效地和每种用户类型沟通：

- 激进主义者热爱这个品牌。他们想了解关于新汽车模型、可供分享的全部新特点，能够让他们的用户也变成激进主义者。他们对品牌的热爱和分享优势的欲望就是他们的全部。
- 实用主义者只想了解背后的算法：产品如何吸引用户，有什么财政上的优缺点。他们需要退货时的细节，出现过的机械故障以及其他实际问题。
- 消极主义者则需要证据。他们希望公司证明这个项目不会损害他们的利益而且最终是有利的。他们需要证明这些数据和统计。

在真正了解了每种类型的偏好之后，我们就能够为他们创造超凡且具有吸引力的体验了。

从何起步：如何识别用户类型

要想识别你的用户类型，不能采用一般的用户分类方式，把它们直接套用到你的用户体验策略上，就希望能够为用户提供对口的体验。你必须从一开始就找准自己的用户。

为了展示如何识别用户类型，通过数字和非数字手段在各种接触点设计对口的极致用户体验，我虚构了一个公司，一家叫作 NeoWash Auto Spa（以下简称 NeoWash）的洗车行。整个过程以三个简单的步骤开始。

第一步：头脑风暴

构思能力是头脑风暴的豪华版本，它是指画面或者想法的形成过程。从这里开始准没错。首先问问自己：你的洗车行能够打动用户的主要优点是什么。例如，你可以假设在洗车行里，有人想要洗得快，有人想要洗得干净，还有人想要便宜。

一旦你能够得出理论上的这些用户类型，就要用两样东西来测试和提炼这些类型：

1. 数字分析——用来评估现有和潜在用户线上的质量数据和数量数据的工具。

2. 接触点创新——在服务过程中进行创新，而不是在董事会房间或者实验室里创新，这些地方距离用户实际体验产品或服务的地方太远了。

也就是说，让你的团队去洗车行的停车场，从观察车辆的进出开始。

我认识一个建筑师，他建造的房子令人惊叹，之后他会在房子周围种草，建筑进出口之间没有明显的路。几周以后，人们进门时在草地上踩出了一条条土路，他把这些土路浇上水泥当作步道。这就是接触点创新。

然后，在这些用户与你的公司产生联系的过程中，再去提炼用户类型。这样做的好处就是你为每个触点和用户类型所设计的新体验对于所有类型的用户都是适用的。如果你的用户是交易型用户，只想进店买完东西就走，就把购买的体验尽量做好；如果你的用户是体验式的，想把玩一下新的小配件，研究一下最新的模型机，就满足他们的这些愿望；如果你的用户对价格敏感，就告诉他们最新的促销或者如何通过买小尺寸的产品来省钱。不同的用户类型想要的东西是不同的。众所周知，苹果在这方面做得很好。

我已经告诉过大家，我讨厌等待。但我的太太属于比较温和的用户类型，她可以等上几个小时。你可以把我归为一个不耐烦的、注重细节的势利眼，我和我的太太完全相反。无论对于哪种情况，如果好恶是相同的，在这个用户类型里，就可以把30多岁的西班牙女性、20多岁的饶舌歌手和低收入的退休老师加入进去。如果你设计的用户体验是对口的，即使我们的人口统计学数据迥异，我们也都会被打动。

第二步：情报收集和接触点创新

接下来的一步是通过情报收集和接触点创新提炼你的用户类型，这两种方式对于整个用户旅程来说都非常重要。情报收集就是派人去倾听你的用户需求。这可以通过不同的方式完成，比如安排一个人和用户一起排队，或者使用数字手段。戴尔公司可以获悉全球成千上万个不同语种的关键词，以此判定什么是潮流。

接触点创新可以帮助你：

- 理清并且提炼你的用户类型
- 在五个接触点上通过数字和非数字渠道为这些用户类型设计极致用户体验方案

接触点创新意味着体验用户在五个消费接触点上所体验到的所有经历。要做到这点需要数字和非数字渠道在每个接触点上设置情报岗。

在 NeoWash，你可以从体验预触点开始，可以是以数字方式，也可以通过非数字方式。这是潜在用户第一次和你的企业产生联系。

数字方式是指，你也许会通过谷歌查看城里“最好的洗车行”的搜索结果。假设谷歌显示了 NeoWash 的 7 项评分，每项平均分是 3 分，满分是 5 分。这在网上评分世界里，基本上就没戏了。接着，你可能会去搜 Yelp，5 项评分平均为 2 分，满分是 5 分。必死无疑。然后，你还可以看评论，看大家不喜欢 NeoWash 的都是哪些方面。去论坛和博客里看看，你会了解到为什么人们在这里的洗车体验不好。最重要的是，这样你就已经收集到一手的数字预触点信息了。

并非每个人同 NeoWash 的首次接触都是通过数字方式。85 岁的老人就不会通过数字方式去体验，因为不会。可能他连如何寻找这些具有影响力的社交网络都不会，他可能开车经过你的洗车行，这就是第一次非数字方式的联系。你的洗车行外观怎么样？给人留下的第一印象如何？有没有排队等洗车的汽车？窗户干净吗？招牌清晰不清晰、新不新？角落里睡觉的流浪汉会不会让这个地方看上去就像快要废弃的样子？

秘诀就是第一印象非常重要，知道了自己的第一印象之后，就可以设计新的精彩的第一印象去打动用户了。

第三步：重复过程：经历整个用户体验

我不会在预接触体验中就止步不前。每个触点都需要从各个用户类型的角度去观察和评估。记住，颠覆式创新者看待宇宙的角度是他能够为其创造什么。设计极致个性化体验的新方式，还会涉及新方式来解决每个触点的缺陷的问题。

因此，下一步你要做的就是在 NeoWash 的洗车行里待上几天，不断观察、倾听并且回答以下问题：来这里的都是什么样的人？他们体验到了什么？这样你就可以提炼出用户的偏好，也许还能识别出新的用户类型或者将用户类型进行整合。你会发现整个体系中的问题，然后对其进行改善升级，为每种用户都设计出更加贴合其需求的体验。举个例子，你会发现教会在上午 11 点解散，所以人们通常在 11 点 15 分的时候出现在洗车行。问他们从哪里来，要到哪里去，并从中学习。

你还要从员工的角度去体验，这对于优秀的用户服务来说至关重要。什么是他们需要但却没有做到的？他们的一天是什么样的？对于工作，他们有哪些喜欢和不满的地方？他们是何时或如何和用户沟通的？从颠覆式创新者的角度，你是如何看待你的员工的？也许员工很想提供极致的服务，但是公司政策和公司制度没有到位，因此他们无法做到极致。也许他们工作中所需要的资源是缺乏的。和他们交谈，倾听他们的意见，去实地观察和体验他们的服务。

整个过程下来，你会开始理解用户并且对用户进行分析，从而根据他们对线上和线下体验的好恶评价找到自己的用户类型。进一步，你就能够找到为所有用户类型提供优质服务的方法。例如，假设你通过时间运动数据提高了洗车服务的速度，那些更关注洗车时间的用户就会更加满意，但与此同时，所有其他类型的用户也都会因此受益。假设你为满足注重洗车质量用户的需求想办法把车子洗得更干净，那么所有用户洗车的时候也都能洗得更干净。

> 识别用户类型能够增强你获得进行颠覆式创新所必需的观察能力。如果在为一种用户类型设计服务的时候，就撇开另一种用户类型的服务，那么你的服务创新就是不完整的。所有的创新都得对所有的用户产生正面或者至少是中性的影响。

通过头脑风暴创新、情报收集创新和接触点创新，我发现了NeoWash的四种鲜明的用户类型，如图2–2所示，他们分别是：闪光派、速度派、节俭派和体验派。

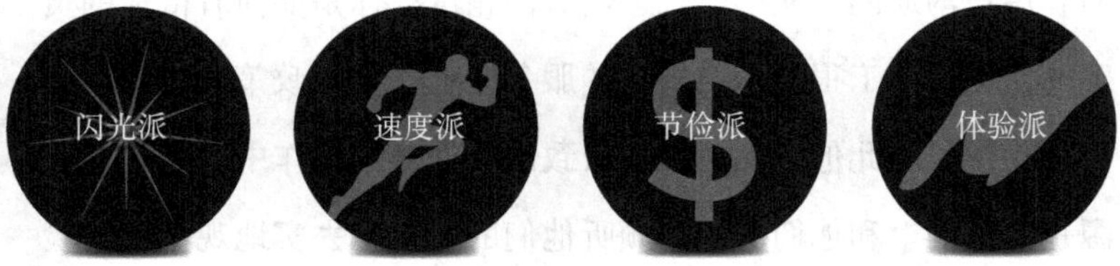

图2–2　NeoWash Auto Spa 的四种用户类型

闪光派

我把第一种类型的用户称为“闪光派”。这群人不在乎花多少钱，甚至不在乎等多长时间，他们的最爱就是走的时候汽车洁净得一尘不染。他们要的是质量，他们讨厌自己去擦除那些没有被发现的泥点和污迹。他们愿意排队，把不完美的地方归类于最后那个做细节检查的员工。

作为一个颠覆式创新者，你意识到，洗车行的质控系统有问题，你打算改进系统满足闪光派用户的需求。你要雇用一位老人。什么？没错。他穿着亮橙色的质控马甲，他唯一的任务就是在每辆车洗完开走之前最后再检查一遍，他是最终的质量保障人。甚至，你还会把棒棒糖塞进他的口袋让他分给孩子们吃。

> 你在整本书中都会看到个性化体验设计这个词。在识别用户类型后，你会设计出更好的体验，因为你不仅了解用户的人口学特征，更重要的是，你还了解他们是谁，以及他们在每一个触点上的需求。

速度派

我把第二种用户类型称为“速度派”。这样的用户很显然最关注速度。他们讨厌等待，喜欢高效的服务。他们非常忙碌而且了解数字科技。有时候他们在洗车行的体验很好，但有时候他们也不得不排队等候，走的时候会心怀不满。识别出这样的用户类型，你就识别出了另一个系统缺陷——可靠且快速的服务。

吞吐量分析或者快速通道方法论使用已久，你同样可以把它们用到 NeoWash 中。寻找整个洗车过程中最耗时间的环节，从把车架起来，到洗得干干净净交给车主。要是想更加创新一些，可以雇用一个 NASCAR（美国全国运动汽车竞赛协会）的后勤维修人员，咨询他的建议，还可以开发一款应用，“速度派”用户可以通过应用提前预约洗车时间。

这些方法能够彻底改变速度派的用户体验。有了预约，他可以穿过其他汽车把车直接开到“快速通道”区，一个看起来像 NASCAR 维修站的区域。他知道了洗车的具体时间，而且由于已经提前规划，差不多只用一半的时间就可以洗好车了。

而且由于采用了快速通道方法论和时间动态进行效率研究，洗车的处理能力显著提高，人力成本也顺便降低了。所以，当你在为特定一种类型的用户（速度派）提供更切中需求的服务时，同时还能够为其他用户类型（愿意等的用户）降低洗车成本。可能所有的用户都喜欢价钱合理、速度又快的洗车服务。还记得价值堆叠吗？就是这个意思。

节俭派

还有一部分用户最在意价格。这些用户的好恶围绕着价格转，所以我把他们称为“节俭派”。对这一类型的用户要做价格敏感度分析。和他们交谈，看看同业竞争者的价格，再看看自己是否可以做一些改进，以便为节俭派用户提供更对口的服务。

很神奇的是，当你在解决速度派用户需求的时候，你可能同时解决了节俭派对便宜洗车的需求。这就是叠加创新的美妙之处。当你发现为用户提供价值和对口服务的方法时，你同时还为其他类型用户提供了便利。

在使用快速通道法的时间动态效率以分析解决速度派用户需求的过程中，你提高了工作效率，从而降低了人力成本。这使你得以为节俭派用户提供最具竞争力的价格套餐。毋庸置疑，其他用户也会欢迎这样的服务。

你可以找找生意相对不好的时间段，节俭派用户在此时间段内预约洗车可享受 5 美元的优惠。这就是一个很好的公司商业举动，对于想便宜洗车的用户类型来说，你也为他提供了巨大的价值。

体验派

最后一种用户类型我称为“体验派”。这样的用户把洗车看作一次体验，他可能是全职妈妈或全职爸爸，也可能是一个想出去走走的退休者。对于他们来说，最重要的是感触，是经历，是情绪上的需求。洗车行闻起来味道如何？听起来如何？感觉起来如何？店里迎接他们的员工是可亲的吗？有没有儿童娱乐区？有没有像样的购物区？

作为颠覆式创新者，在为这类用户设计个性化体验时，就要在每个触点上创造出一种感觉上的情绪。早上，你可以考虑为他们擦鞋，提供特浓咖啡和牛角面包。“体验派”热爱实际的体验，那就给他们提供极致的体验。也许他们并非经常有时间来逛，但这总归是一种选择。

甚至你还可以创建一个洁净礼宾俱乐部，俱乐部成员每个月洗车次数达到两次，就可以免费享用咖啡和牛角面包，而且可以专门为俱乐部成员设置一个区域，摆上舒适的皮沙发。他们可以在线申请加入俱乐部，可以不断累积积分以兑换额外服务。

体验派

每当有公司识别出其最有利可图的用户，并向他们倾斜大部分资源，我都能发现其实这些用户之所以最有利可图，是因为公司提供什么，他们就订什么。

为什么不把无利可图的用户也变得有利可图呢？了解你的各种类型的用户，到处走走，要有颠覆性，看看颠覆之后可以创造什么新的对口需求。这是产生颠覆性想法，把用户从无利可图变成有利可图的最佳方式。

—— 秘诀 ——

你觉得只用市场细分就能够找到这些不同层次的价值吗？肯定不会。识别全部用户的用户类型，提供对口的个性化体验，才可以创造优秀的多层次的价值。在每个触点上，在数字和非数字渠道上都这样做，你就能够设计出真正极致的、对口的个性化体验。

要想识别并且理解你的用户类型，你必须体验用户所体验的，找到缺陷所在，再在数字和非数字渠道同时创造新的对口体验。记得要定位消费过程中用户的位置，观察用户的好恶，设计更好的用户体验，最后执行创新。

一开始的失败并不会怎么样，你也无法避免。你要做的是以一系列可以实现的新价值来开始一段新的创造过程。这是一种认识用户的新方式，它为下一个伟大的想法埋下了种子。

直面自己企业的现状，并且承认它的缺陷，需要勇气。颠覆你正在做的事情，去尝试新的东西也需要勇气。但若只是按部就班，就只会被其他的颠覆式创新者远远甩到后面。

第 3 章　体验研发
把极致设计到体验中

用户服务已经消亡，一去不复返了。如果你把用户服务作为指导市场细分的方式，那么实际上，即使你想提供良好的用户服务，也已经选错了方向。

好的用户服务 = 坏的用户体验。

什么？用户体验不就是用户服务吗？

错。你对用户的“服务”只是整个用户体验的一小部分。“好的”用户服务会慢慢消磨你的业务，因为大多数用户体验的出发点还不足以让你在现在的市场中有效地竞争。所以好的用户服务已经死了，而且它还是致命的。如果你只是想提供用户预期的东西，那还不如别干。

过去，用户服务—工业联合体的企业可以强行告诉用户他们想要的体验。比如，病人看病就只能在医生方便的时候去医生那里做预约。等待的时间非常长，病人常常要在无菌等待室里坐上好几个小时，直到轮到自己。现在，有了 Anthem's LiveHealth Online 这样的应用程序，病人可以舒服地坐在客厅里，用自己喜欢的设备上网，几分钟内就能够和医生联系上——何时何地全看病人的需要，而且几乎不需要等待。之后，病人还可以对体验进行评价。

现在，用户被赋予了权力，得以通过影响力巨大的社交媒体表达分享自己的经历和好恶。他们对在哪里花钱、如何花钱有无数种选择。用户服务已经过时了，取而代之的是用户体验，而且最好是极致的、对口的用户体验。

本章将采用极致用户体验这个非常不同的定义，因为绝大部分企业不仅不了解它们的用户，而且也不懂什么是极致用户体验。

把极致设计到用户体验中

适用于所有企业、所有用户类型的固定的一套极致用户体验是不存在的，你必须创新设计符合自己的市场、服务、产品和用户类型的体验。

好消息是：创新很简单。

坏消息是：找准创新的方向很难。

还好，找准创新方向的先导条件是你知道在为谁创新。这就再一次回到了用户类型上。当你花费时间和精力去真正了解你的用户，识别并且细分他们的类型之后，你就能够在设计极致的、对口的个性化体验方面领先你的竞争对手好几光年。你会知道每种用户类型的好恶，你会洞察到他们的内心。

我和太太刚刚庆祝了结婚 24 周年纪念日，我很幸运，因为我们的婚姻非常美满。我们的夫妻关系充满活力、乐趣，而且从未起过任何冲突，我们还养育了四个活蹦乱跳的孩子。

刚结婚时，我就许下承诺要理解太太讨厌什么，喜欢什么（现在回想起来生活就是本书的灵感之源，只是我当时没有发觉而已）。比如，如果太太说垃圾桶满了，我知道她其实是在说该把垃圾丢掉。她说好热，其实她的真正意思是要我打开空调。为了准确了解她的需求，我不得不弄清楚她喜欢和讨厌的东西，我不得不投入我们的关系中去了解她属于哪种“用户类型”（尽管我当时并不知道，这也是一种用户类型）。

和众多客服质量糟糕的公司一样，人际关系糟糕的人只关注自己。建立健康关系的最佳方式是识别出他人的需求，然后针对这些需求持续提供有价值的服务。在企业中如此，在生活中也是如此。

> 只是单纯地提供用户服务并不能获得成功，还需要开创一种能够满足大部分用户类型需求的、完整的用户体验。必须要明白这一点，不然就眼睁睁地看着你的公司在如今激烈的竞争环境中败下阵来吧。

谁获益？向外看，别向内看

所以，究竟什么才是“极致用户体验”？这么多年来，我采访了成千上万家公司的 CEO、中层管理者、前线服务代表、各个层次的“服务提供者”，甚至是门卫，每当问及他们对客服的定义时，我得到的要么是完全不同的答案，要么就是千篇一律、毫无意义的任务描述。

然而，真正的悲剧在于，大部分我问过的人对客服的定义都是以提高利润和增收为中心的。大部分客服决定着重采用的方法都是高度碎片化的（整个公司内部一致）和高度内视化的（向内看）。举个例子，一家公司财务经理对客服的定义往往和财务相关，在市场营销部门专家眼里，客服就是和市场营销相关的，而IT部门领导对客服的理解则是和技术支持相关的。这个例子充分说明，这家公司的流程非常零碎而且内视。每个人在审视自己的角色和成就的时候，都只是从各自的部门出发，而不是作为一个信息统一的公司整体出发。而且，他们关注的只有自己，而非用户。

每个碎片化、内视化的观点背后，都存在这样几个问题：

- 公司如何赚到更多的钱？
- 公司如何才能留住用户，并赚更多的钱？
- 公司如何才能建立品牌忠诚度，并赚更多的钱？
- 公司如何设定规章流程，利用用户关系管理工具和用户需求数据库……这工具、那工具……并赚更多的钱？

最后一公里：关键是你要做什么

最近，我入住了加州圣何塞的一家豪华宾馆。由于价格不菲，我期待着能有超高质量的服务。然而，我发现一张塑料卡片上写着：网络使用每晚收费29.99美元。如果我住在街对面100美元一晚的汉普顿酒店，上网是不收费的。而且，依云矿泉水上也挂着一个卡片，写着："9.95 美元即可饮用"，好像我应该觉得这是一笔很划算的交易一样。更糟糕的是，酒店电视遥控器的背面还贴着一张纸，说偷走遥控器会罚款。虽然这不是极致的用户服务。我对这家酒店的建议就是，也许"现金收割术"能使用一时，却不能使用一世。

当创新被视为创造新的利润点，而非提供更好的个性化体验的途径时，问题就出现了。如果我来经营一家豪华旅馆，住一晚的费用我会定为 1 050 美元，然后给每一位入住的房客提供一个礼物篮子，装上瓶装水、小吃和其他他们可能喜欢的小玩意儿。我的用户当然也不需要为上网付费。遥控器？能付得起这么一大笔房费，还会故意偷遥控器吗？我会扔掉那个警示标，这对用户来说是一种侮辱。

设计极致用户体验的动力不是赚更多的钱。用户体验源自一个热爱用户、以用户为尊的体系。利润会随之而来。用户如果喜欢你，就会买更多的东西，经常来你这里逛逛，而且还会向自己的朋友和家人推荐你。要想达到这样的效果，就不能向内看，必须向外看，关注你的用户，了解他们的喜好。你必须了解他们的用户类型，世界上最好的公司都是这么做的。

用户服务评价：净用户价值层

每个人都在谈极致用户体验，而且很多人可能认为，他们提供的就是最好的服务。但是，极致用户服务在实际中究竟是什么意思呢？当代社会充满了极具影响力的社交网络和连接架构，我们现在所说的“极致”与过去强势的用户服务—工业联合体时期已经大不一样。

为了说明这一点，我提出了净用户价值层的概念。它是一层一层地累积的，从底层的死亡区域到顶部的超级明星区。图 3–1 为我们展示了极致用户体验的概念和它的“兄弟”：魔鬼式用户体验、恶劣型用户体验、底层用户体验和基层用户体验。

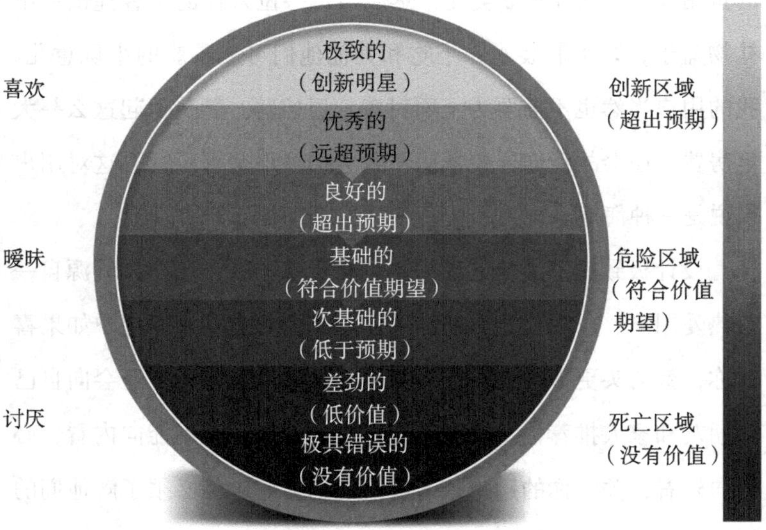

图 3–1　净用户价值层

死亡区域

极其错误的用户价值：价值层的底层，我称之为魔鬼式用户价值。比如，餐厅服务差劲、食品味道糟糕、价格昂贵，而且最后你还食物中毒了。

罪犯带走有价值的东西，而不是提供价值，留下的只有痛楚。餐厅老板还不如闯进我家，直接从我的钱包里拿走 100 美元，省得我消化不良。

这就是死亡区域，处在这一范围内的企业慢慢都会倒闭，在那之前，这些成百上千的企业仍会继续提供达到犯罪水平的用户价值。

差劲的用户价值：差劲的用户价值层也处在死亡区域。这些企业只比犯罪式的用户价值强一点点，但是只需要出现一个新的竞争对手、一个具有影响力的愤怒用户，或者是科技的一个新进步，它们很轻易地就会落入深渊。它们是一架双引擎飞机，一个引擎坏了，另外一个年久失修，引擎完全失效，飞机坠毁只是早晚的事。

> 用户很聪明。他们理解自己花出去的成本和应该得到的收益之间的关系。预期的最基本水平是用户对一个产品或服务的普遍期望，这个水平之下的服务是不达标的，对于企业来说，这意味着死亡，这个水平之上的服务就是超出用户预期的。超级明星企业提供对口且极致的个性化体验，它们的定位远远在这个基础水平之上。

危险区域

次基础用户价值：令人惊奇的是 60%~70% 的企业都处在这

一层级。这一层级的公司也许仍在赚钱，仍在扩张，但问题是它们有一个不治之症，却不自知。这些公司也许听说过这些问题，听说过有的用户不满意，却仍相信自己正在解决这些问题，依旧我行我素。它们没有意识到这些“问题”比想象中的大多了，而且正在吞噬它们的用户基础。次基础区域的企业经常（但不总是）会掉入差劲或者是罪犯水平的服务层次。

一般一家企业只会收到4%的不满意用户投诉，这就意味着，还有96%的不满意用户，公司并不知道。另外，不满意的用户中有91%都不会再来了。[1]所谓“基础用户价值”，就是每个用户对于某个产品或者服务都有基础的期望。如果我选择汉普顿酒店，那么能以便宜的价格，住进一个整洁安静的小房间，我就很满意了。但是，如果花同样的钱，在四季酒店也只能住一个整洁安静的小房间，我就会很失望，因为我期望的是极致体验。

每个行业、每个用户都有基础预期。问题是，企业认为这就是它们应该提供的用户服务。毕竟，只要用户得到了他们预期的东西，就会开心了，对吧？

大错特错！

如果你只提供用户期望的服务，你的用户就会被竞争对手更优异的服务吸引过去。因此，基础层级属于危险区域。这不代表一定会失败，但是也差不多了。

比如，Kindle（电子阅读器）提供的东西正是你想要的：用户可以使用Kindle阅读，并且使用其他便利的功能。但是，iPad（平板电脑）出现了，它远远超出了众多用户类型期望的基础水平。iPad 被称为"Kindle 杀手"，现象级的成功极大地影响了 Kindle 的销量和市场主导地位，绝大部分人现在都认为，Kindle 是一款应用，而非设备。

> 2011 年，每十个美国人中就有七个说他们愿意为提供优秀客服的公司花更多钱。[2]

iPad 也具有动态的、不断改进的价值，因为它的应用开发团队活跃且富有激情，也就是说，它会变得越来越好。这一点非常重要，因为基础用户价值在不断地变化，用户需要感受到这些转变，随着科技的发展和市场经济的起起落落，用户想要更迅速、低成本地去选择服务。满足基础预期的公司会很轻易地堕落到死亡区域里，有时他们甚至都没有意识到。

最近，我搭乘了一家大型国际航空公司 24 小时的国际航班。我坐在商务舱，全程盯着折叠小桌板上贴着的胶带。难以置信，这只是一小节胶带，但是它让我担心飞机上是不是还有其他损坏部位。还有哪些部位是用胶带粘在一起的？航空公司的业务是怎么承诺的？

我在思考这些问题的时候，注意到还有几处配件也坏了，侧板上有一道很长的油污痕迹。飞机起飞 10 个小时后，乘客们都睡着了，而几步开外的数名空乘却放肆大笑，完全没把正在休息的乘客放在眼里，乘客们可都是付过钱的。现在他们醒了，乘客们面面相觑，目瞪口呆。

只要可以避免，我以后再也不会搭乘这家航空公司的航班了，我怀疑飞机上其他乘客也会这么做，这次体验实在太糟糕了。这就是公司从用户价值层滑落的典型案例。这些公司甚至已经不再提供基础层的价值了，它们落入死亡区域，而且如果不做出巨大改变，是不会好转的。

创新区域

这一区域里的公司就很有意思了，也是本书最终要帮你实现的目标。创新区域里的公司提供的服务开始超出用户的期望值。公司提供的服务已经不仅仅是用户所期望的，而且是极致的用户服务。当你完成了你的用户分类，并且学习了如何设计极致、对口的用户体验时，你的价值就会超出基础水平的期望。你越擅长设计极致用户体验，你的公司就越优秀。

良好的用户价值：这个水平的公司可以在一定程度上超越用户的期望值，你了解用户的期望，知道他们喜欢什么、讨厌什么。因此，你开始设计比较优质的用户体验。这还不是终点，你已经进入了向超级巨星发展的轨道。

优秀的用户价值：到达这个节点，你已经开始打磨自己的竞争优势。你提供的是真正的极致用户服务，企业的成长与成功已经能够自己运转了。你的用户变成你的营销机器，通过社交媒体和口碑传播，良好的产品和服务使你迅速成名，成为大家争相打卡签到的地方。

极致用户价值：这是净用户价值层的最高级别。超级明星的创新企业就位于这一区域，它们通过五类触点以及数字和非数字渠道，为所有用户提供对口的极致用户体验。它们做的正是我在这本书里教你的东西。正因如此，它们的增长是爆炸式的。

商业杀手：自杀式价值主张

用户价值是商界最容易用错的词。提供给用户的价值必须是实在的而且是对口的，否则，那些自杀式价值会让你的公司在如今极具影响力的社交媒体世界里死得更快。

用户价值需求

公司制定政策是为了自身的利益——增加利润，但诉求却是满足用户的个人价值。例如，饮用水瓶公司会说自己为了保护环境减少了塑料的用量百分比。但公司这么做，真的是为了保护环境吗？还是为了降低产品成本，结果生产了一种质量略差的产品？

还有度假村酒店告诉你的：循环使用毛巾可以拯救地球，这类行为的真正动机究竟是为了保护地球还是为酒店节省开支，这得由你自己判断。在我看来，大家都知道，循环使用毛巾可以省钱，但酒店掩盖了自己的真实目的。而用户们其实一眼就看出来了，这会给他们留下不好的印象。很明显，酒店的动机是省钱，只是不小心可能同时拯救了地球。所以对用户提要求的时候，一定要注意表达方式。

别管那些花哨的承诺了。确保你提供的价值是实实在在的，因为用户很容易就能嗅到虚伪的恶臭。

最近，我在美国印第安纳波利斯市的一家酒店住宿。梳妆台上的瓶装水上挂着一个小纸条，说酒店住客只需15美元就能够享受这瓶水了。少来这一套了！酒店只是想售卖高价产品赚取利润。还是在这家酒店，我想在自动售货机上买一瓶佳得乐饮料。走廊的标识上写着：为了用户的方便，酒店每隔一层都有一个自动售货机。我穿着短裤穿过走廊，楼上楼下跑了个遍才买到佳得乐饮料，这对任何人来说都太不方便了。

“那样就太贵了”

很奇怪的是，有人认为提供极致用户体验比他们目前提供的差劲的服务还要昂贵。一个基本的财务分析就能够揭示这个谬论是多么浅薄。

把获客成本、提高员工满意度和生产效率带来的好处做个比较，我们就会发现，获取一个新的用户比留住现有的用户贵多了。留住用户和提高员工满意度之间是有关系的，用户服务完美无缺的公司能够提供更好的职业生活，而且它的员工也更满意。仔细想想，你做过出售差强人意的产品和服务，或者执行惩罚性政策的工作吗？那种感觉太糟糕了，不是吗？如果你有过被用户大吵大闹或者指责的经历，就知道这有多悲惨了。企业现在开始意识到，利润、职业生活的质量和顾客满意度三者之间有直接的因果关系。优秀的人会寻找优秀的企业，越优秀的企业，员工职业生活的质量就越高，因而可以吸引更优秀的人才。因为如今，优秀的人才是可以享受溢价的。

根据《哈佛商业评论》刊载的一篇文章，吸引千禧一代的人才（在 1982—1996 年之间出生的人）已经成为一些企业当下最大的挑战之一。[3]这些人年轻有为，受教育程度高，他们成长在社交媒体时代，超连接对于他们来说并不新鲜，因为那是他们自带的属性。其实，很多潜在的千禧一代员工在决定申请工作之前就会先在社交平台上搜索这家公司，他们希望提前知道公司的名声，免得不合适，浪费时间和精力。不仅仅是你的用户在搜索你，你的潜在员工也在搜索你。

这个故事的寓意在于：公司要想树立好的名声，就要提供极致体验。这也就意味着，你必须要建立一个能够吸引最好的用户和员工的生态系统，这样反过来可以为你省钱，因为提供极致体验意味着你的用户会和你长时间保持联系，而且你的员工也会拥有更好的职业生活。你会吸引到更好的人才，降低缺勤率，提高出勤率。而公司获得的好处不仅包括更高的利润，还有更高的用户的满意度。但是，你必须要向外看，关注你的用户，而不是向内看，只关注公司自己的欲望。

> 获取一个新用户的成本比留住一个老用户的成本高出 6~7 倍。[4]

新使命：极致用户体验

所以，什么是极致用户体验？

极致用户体验是指通过数字以及非数字渠道提供给各种用户类型的非碎片式的个性化体验，并且远远超出用户的基础预期水平。

这种服务是动态的，也是多层次的，因为它在不断地变化和进化，并且能够满足各种各样的用户类型的需求。别指望着创造一种体验就一劳永逸了。用户的需求和口味在变化，科技的市场也在变化，你的创新自然需要与时俱进。

混合体验：数字和非数字

如今，除了清晰划定的数字和非数字渠道（或者实体渠道），公司还在建立混合体验。混合体验是用户旅程的一个重要部分。

大部分公司都有传送筒（仓）。比如，一个电话营销员工提供了一种体验，质保部门提供了另一种体验，用户支持部门也提供了一种不同的体验。社交媒体和数字营销部门提供的体验更是不一样。这种传送筒（仓）结构造成的结果是公司提供的解决方案是碎片化的。

你必须要为所有用户类型在所有触点上都提供极致的、对口的体验。不然，你提供的体验就是碎片化的，而在如今由数字连接的世界里竞争，光有碎片化的解决方案是远远不够的。

碎片化的用户服务会彻底破坏用户体验，导致用户一去不复返。我在走进一家昂贵的高端餐馆时，我对食品和服务肯定是有一定程度的期待的。也许有一个着装得体的、态度亲切的服务员指引我停车，一个专业、热情的迎宾员迎接我，太太和我可以很快地找到两个可以俯瞰湖面的靠窗座位，菜单和酒水单也无可挑剔，但就是服务员身上有一股香烟的味道，而且她搞错了我太太的菜单，结果我们两个没能同时吃上东西。这就是碎片化的服务，它很快就会毁掉你的业务。相反，极致用户服务无论在哪个触点或是哪个用户类型这方面，都应该是完整的体验。

成功的企业需要一个整体的规划来管理所有部门的各个触点，但这样的公司非常少见。必须要把用户的体验视作一个整体，而在每一个触点上的服务都必须是极致的。这也正是如今伟大的企业正在做的事情。

最近，我买了一辆帅气的欧洲品牌的豪华汽车。买这种车的人大部分对质量和服务有很高的期望，我也如此，而且他们应该受过良好的教育，事业成功，自然会比较挑剔。

展示厅宽敞整洁，马上有人为我端上了一杯咖啡。这样的开头不错。候客厅里有舒服的皮座椅，我的销售员塞奇威克既机敏又专业，而且衣着得体，整个销售过程，他都表现得非常体贴。

他和我的孩子们交谈，了解了他们的运动和学业爱好。每次我问他关于汽车的问题，他的回答都及时而且专业，然后便继续聊我的家人（这也是我最爱的话题）。他看上去一点儿都不在乎能不能打动我购买一辆车，只是很享受人与人之间的交流过程。

> 平均来说，忠实用户的价值是他们第一笔消费额的十倍。[5]

这个经历很神奇：我买下了那辆车，但感觉又交了个朋友。我买下这辆车是因为我相信公司所有的服务都会是同样的高水平。

天啊，我简直大错特错。

几个月之后，我开车去做第一次保养。去服务台咨询工作人员时，那个人一直忙着给我前面的用户做记录。接下来的气氛有点儿尴尬，过了好一会儿他才抬头并且突然问我："怎么了？"连招呼都没打。由于不确定该如何回复，我解释说，自己是想把车保养一下。然后那个人走开了足足 15 分钟后才回来。有生之年，我再也不会去那家代理商买车了。我在 Yelp 上分享了这次经历，毫无意外地，很多人也在那里有过这样的经历。

这就是碎片化的用户体验，它会毁掉你的业务，由于用户回头率低而付出的广告和推广成本是巨大的。

> 向新用户成功销售产品的概率是 5%~20%，而向老用户成功销售产品的概率是 60%~70%。[6]

客服培训是万能药：秘密所在

要是不解释一下用户体验和客服培训中被人熟知的秘密的话，就太不人道了。这个所谓的秘密就是，只要企业能够让直接面对用户的员工态度更好一些，所有问题就迎刃而解了。这种观点太常见了，已经成了流行趋势。领导者认为所有的用户体验问题也是机遇，都存在于培训那些需要直接面对用户的团队。这样的想法简直是大错特错。

出现这个问题的原因之一是公司实行了一种惩罚用户的制度。这种情况我已经见过无数次（在第 9 章中会讲述）：有太多的企业采取了关注自身、惩罚用户的制度，而没考虑过这些制度对用户的影响。你遇到过想找零售商退货，结果店员给你列了一条条不能退货的公司制度的情况吗？发生这种事情的概率远比你想象中高得多。良好的客服培训能解决这个问题吗？培训的员工用积极欢快的语气说“不”，就能解决问题吗？会让事情有起色吗？当然不会了！

如果优秀的员工被迫采用糟糕的制度，他们也会无可避免地受到用户怒气的影响。更糟的情况是，你的那些优秀员工要么会采用你的态度去面对用户，要么他们会离开你的企业，这取决于员工的性格。但无论哪种情况，对于企业来说都没有好处。

下面这个故事说明给员工赋权能够带来积极影响，而强迫员工坚持惩罚性的制度最终只会伤害用户关系。姐妹二人正在整理她们刚逝去的母亲的遗物，不用多说，这时候人的压力很大，而且很容易伤感。母亲的遗物中有一双全新的 Zappos（美捷步）靴子，一直在鞋盒里放着没有拿出来过。她们给 Zappos 打电话想退回这双靴子，但是没有意识到早已经超过了一年的退换期。更麻烦的是，她们已经注销了母亲的信用卡，即使 Zappos 同意退款，也不知道这笔退款该如何操作。

令她们感到意外的是，Zappos 的销售代表出面了，她解释了公司的退款规定，但考虑到姐妹俩的特殊情况，还是给她们退货了。而且故事不止于此，后面的事情更让人感动。几天过后，她们的父亲收到了一束花，带着一张小卡片，上面写着“来自 Tamika T 和 Zappos 大家庭”。这就是极致用户体验，公司的这一举动令姐妹俩和她们的父亲非常感动，之后便经常去 Zappos 购物，并且在网上分享了她们的经历。

Zappos 完全可以拒绝她们的退款请求。然而公司不仅获得了终身的用户，还无意中招募了两个推广商为它做市场推广。

> 许多企业相信用户体验培训可以让坏员工变成好员工。我的调查发现，企业文化糟糕的企业也会吸引来糟糕的员工，最后产出糟糕的用户体验。道理简单直白，但一定要注意，因为大部分企业都相信它们能够通过培训让员工变得更好，从而避免出现不良的员工表现。

“用户之魂”项目

我明白，既能够赚钱又能实现永续经营的项目都是一步一步实现的，“用户之魂”项目就是其中的代表。

你的策略需要：

清晰地表达一个美好且有意义的使命愿景来吸引优秀的人。当然，你必须按照这个愿景行事，证明你的相关言论是真实的。你的股东想把你当作榜样，他们想知道你做的事情对用户是有益的。招募优秀的人意味着要建立一个良善的企业架构。我知道这听起来很荒谬，但是世界上最优秀的企业建立的文化都是以善待用户为中心的。正是因为这些企业这样做了，它们才能够吸引优质的人才，优质的人才渴望掌握如何提供更优质的质量和用户体验的全新的、激动人心的方法。

糟糕的企业文化只会引来糟糕的员工，因此产生的用户体验也是糟糕的，导致企业最终被其他传递优秀体验的公司所取代。这个道理简单得可笑，却非常深刻。

在辨别用户企业的用户体验架构和文化之间的鸿沟之前，我是不会开始进行培训的。我强烈建议，在创建正确的企业架构之后，再开展培训项目。

我曾和一个全国性的快餐连锁企业合作。这家连锁企业过去只关注自己的系统和流程，很少去关注柜台服务员采用的沟通方式。但我注意到员工们对待顾客的方式都不是很友好，比如柜台服务员从来不对顾客微笑。因此我开始了一项培训项目，包括教授柜台服务员微笑和眼神接触的重要性。我们教会了他们如何去迎接每一个走进来的人，因此也改变了重要的第一次接触留下的印象。

定制你的用户体验培训，满足品牌的独特需求。是的，你是特别的，你的企业也是优秀的。这就是“一刀切”策略从不起作用的原因，也是为什么成百上千的企业采用通用培训项目，却总也达不到商业目标的原因。每当有人想要复制我们的培训项目时，我都说我们没有模板。我们只有成千上万的定制培训项目，它们是根据每个用户不同的具体需求设计的，而且现在归用户所有。如果有人向你兜售现成的解决方案……赶快跑！

正如我们不能用特定的名词去定义用户，我们也不能用特定的流程去界定用户服务。

最近有幸和Polaris（北极星）集团合作，这是全美最好的管理公司之一。Polaris已经拿到了印第安摩托的管理权，准备重新将其隆重推出。我被邀请去采访它的经销商，然后据此定制一个能够将Polaris的品牌使命和印第安摩托的品牌特色相结合的培训项目。Polaris的使命愿景是真正了解它的用户以及它的经销商的需求和机遇，这也使其成为美国最优秀的公司之一。Polaris知道它的培训项目必须符合品牌的独特性。

摩托车经销商有很多奇怪的想法。它们对制造商、生产规划和市场预期有自己的想法。Polaris管理层慢慢去深入了解何种类型的经销商正在售卖它的摩托车，也慢慢了解这些经销商的本质需求。然后通过创造满足不同经销商类型需求的特定品牌的传递方式以及培训项目，公司制订了一个适合所有经销商类型的大计划。结果非常完美。终端销售团队的员工培训项目需要做大量的调查和定制化服务，才能够同时为企业和用户带来价值，但是这样的项目物超所值。

为终端销售团队和其他关键的团队成员创造合作的环境。这种合作需要是持续的，并且能够平衡企业社交网络以及采用其他游戏机制和社交参与的数字解决方案。

用户体验研究不再是把你的想法强加给下属，告诉他们应该如何对待用户。这是没用的。想一想，员工为什么要善待用户？他们为什么要关心用户讨不讨厌你？他们为什么要多想一步？如果你不同他们合作，他们就没有动力投入用户体验的游戏中，因为你最开始就没有教会他们怎样玩这个游戏。你从未普及它，你甚至从未创造出游戏获胜的方式。

当你让员工也加入用户体验项目计划的实际制订过程中，他们会更容易将其付诸实践。因为他们自己参与了项目的制订。绝大部分企业在提高用户体验质量时，都未能提供有意义的动机——比如每周表彰或经济奖励。一些企业定期组织用户体验交流会，会上会问团队怎样可以把事情处理得更好，然后由同事评论有失误的地方。对于员工来说，把自己暴露在同事面前会给他们带来巨大的动力，来为用户提供更加满意的服务。

现在已经不是用户体验培训了，而是用户体验开发。它是：

- 建立一个以用户为重的企业的完整生态系统
- 建立一个优秀的人愿意为之工作的文化
- 建立一个良好的合作环境，让实践用户制度的人加入制度的创造中
- 权衡游戏机制，增加用户体验策略的回报

前不久，我与一位首席执行官（CEO）讨论用户体验。他的董事会建议他不要再在自己不擅长的事情上花费时间和精力，因为他并非一个用户体验专家，他应该引入合适的人才，为其提供资源，让其做自己擅长的事情。秘诀：要么引入外部协助，要么雇用专家使其成为团队的一员，这样才能让用户体验成为优先任务。

极致用户体验的秘密

如果说设计是极致个性化体验的关键，那么为什么有些人没有这么做呢？一个词：承诺。

很多人都会加入健身俱乐部。这需要注册并且做出资金承诺。有时候人们还会选择私人教练套餐，这就要求做出更大的资金承诺。但是这并不意味着他们就达到了健康的身体状态。

有数据显示，80% 的人在 1 月加入健身俱乐部后，3 月就不再去健身了。他们注册加入，但是之后却从不出现。剩下的 20% 有两种：看客和做客。看客去健身房但基本不运动，他们到处晃悠，就只是看看而已。只有极少部分的做客，全身心投入，一心一意地锻炼。做客们 5 分钟做完的任务量，看客们需要 1 个小时完成。

健身就像经商，意味着注册、到场、投身其中，而最重要的是，永远永远不要放弃。

要想设计极致的、动态的并且是多层次的个性化体验，你必须要全身心投入，而不是浪费时间在其他事情上面。识别用户类型、学习如何做到极致用户体验的过程，其所带来的痛苦能够持续数月，但就是这些艰难的时刻才让你更多地了解自己，建立起自己的长处。

如果你的企业决定要注册、到场并且投身其中，可能要多年后才能有所收获。所有伟大的企业都是从设计并做到每日计划开始的。

一个工作室的人曾经问我：“每个从这个房间里走出的人在离开的时候最应该带走的一件东西是什么？”

我回答道：我们的每个用户都有一个基础的预期，他们非常了解价格和对应的体验之间的关系，他们非常聪明。因此，做到极致用户服务的方式就是超越基础水平的预期，采用数字和非数字渠道在五大触点上为大部分的用户类型奉上出乎意料的美好的体验。

这就是其中的奥秘。

—— 秘诀 ——

令人震惊的是，很多专家辩称，企业只需要提供最低水平的用户体验就足够了，这样在售卖产品和服务时就可以获得更多的利润，而且实际上还有另外一批专家也在传播这样的观念。一想到这里，我的脑子都要炸了！

绝大部分企业失败的原因就是只做到最低程度。这样的想法如果蔓延到实践中，绝对祸害不浅。更好的个性化体验需要更多的成本，这是个无法理解的谜题。极致用户体验不在于多花钱，而在于发挥你的创造力和智力去创造更好的体验。

但是别误解我。有时候的确需要更多钱，付出更多的努力才能够做到极致。但好消息是，很多用户体验的明星企业在做了这样的投资后，收到的回报是成倍的。

我曾为全球最大的一家餐饮连锁企业做咨询服务。这家企业的问题在于它已经无法把产品做到更便宜或者更好，它的产品已经是完美的了。但不幸的是，用户竞争对手的产品也同样完美。这就把我们引向了另一个问题，如果用户花任何价钱买到的任何东西都能够获得几乎完美的用户体验，该如何使你的品牌区别于其他品牌，并且为不同的用户类型带来价值呢？答案很简单。秘密武器就是你是否有能力提供极致的个性化体验，高度贴合各种用户类型的需求。在数字和非数字渠道，在每个触点都要做到提供极致的体验。为创造完美的个性化体验而花再多的精力都是值得的，因为只有这样你才有可能获得更多的回报。

第 4 章　进入本质

用户是谁，需要什么，以及为什么？

希望现在我已经说服你认同，只有更细致的和更集中的用户认知，才能在如今竞争超级激烈的市场中存活的观点。对用户的认知越细致，你传递的信息就越具体，你的理解就越精准。这样的认知最后能够让你创造更好的用户体验。用户踏上了一条你专门为他所属的用户类型所打造的旅途，最终会让你在用户忠诚度、销售量和利润方面处于市场领先地位。

世界上最伟大的公司了解它们用户的类型，即使它们不这么说，也会为用户奉上极致的、对口的个性化体验。正因为如此，市场营销和个性化体验设计才能为这些公司带来更多的回报。用户会情不自禁地爱上这些公司，因为它们可以满足自己的需求和渴望，而其他公司则会逐渐被淘汰。

用户渴望什么：全球 20 家最受欢迎的公司

下面列出来的公司很好地示范了什么是理解用户，以及如何在数字及非数字渠道中的各个触点上创造极致体验。更重要的是，它们把如何深入理解用户的过程形成制度，以便更加系统且有预见性地提供极致水平的用户价值。

☐ 苹果公司	☐三福
☐ 诺福克厨具公司	☐ 软件营销部队
☐ 好事多	☐ 美国西南航空公司
☐ 荷兰兄弟公司	☐ 桌上厨具公司
☐ 谷歌公司	☐ 特斯拉
☐ 进和出汉堡店	☐ 乔氏超市
☐ 魅可公司	☐ 全食超市公司
☐ 耐克	☐ 斯柯达
☐ 诺德斯特龙	☐ 美捷步
☐ 北极星公司	☐ 卓娅

这些公司明白，要想保持现在的竞争力，做好用户体验比用户服务更重要。重要的不是有内驱的公司目标，而是外在的目标，为用户提供完整并且对口的体验。反过来，用户满意后会为你带来更多的销量、更多的回头客，介绍更多的新用户，还会在社交媒体以及其他数字分享平台上给出极高的评价，这些正面的数字痕迹比你能够想象到的任何市场营销都能带来更大销量。

本章将开始构建帮助你识别业务领域内用户类型的战略和策略。然后你就可以利用这些概念来了解你的用户是谁，他们喜欢什么、讨厌什么，以及为什么要关心这些。

许多企业的企业战略都落后到让人吃惊的地步。这些提案保证了企业能够达到自己所说的目标，比如，获得更好的资产回报，提高用户满意度，实施技术创新。但企业战略如果没有和用户体验策略密切联系，企业很可能在如今竞争激烈的经济活动中败下阵来。

构思你为什么要关心

你关心的原因就藏在一个基础问题的答案里，这个问题就是：你为什么要做这项业务？这个问题又引出了这些问题：为什么要了解你的用户是谁？为什么要花时间和精力去了解你的用户，而不是去做其他事情（根据实际情况填空）呢？

在同领导层团队合作时，我使用传统的线性进程帮助他们落实创造极致用户体验的策略。这个进程的开始就是想出一句话的使命宣言。你所有的战略出发点以及用户体验策略都起源于这个关键的概念，因为你的使命宣言最主要的提问就是你为什么要做这项业务，它定义了企业存在的原因。这句宣言要简短有力、切中要害，才算是有效的。

在研究使命宣言的话题时，我发现了一个有趣的现象。一般来说，企业的使命宣言如果针对的是自身需求，而非用户和市场需求的话，最终都无法提供极致用户体验。意料之中，客服的失败会导致更大程度的业务失败。

正因如此，在设计用户体验策略时很重要的一点就是，首先要制定出一个明确的使命宣言，并且这个宣言要能够被你的合作伙伴和用户认同。这不是市场营销的事情，而是对你从事该行业相关业务的原因做出界定。你为创造极致用户体验所做的工作都来自你的使命宣言，因此宣言也需要包含企业的首要价值观和存在的意义。

下面是个不恰当的使命宣言的例子：XYZ公司的使命驱动是成为市场上最赚钱的互联网企业。而我们的任务就是建立一个能够为股东带来最大投资回报的企业。

下面这些例子是世界上一些伟大企业的使命宣言：

- 苹果公司致力于为学生、教育工作者、创意人士以及全球用户提供最好的个人电脑体验，为他们带去最具创新精神的软件、硬件以及互联网服务。
- 脸书的使命是赋予人们分享的权利，让世界更加开放，连接更紧密。
- 谷歌的使命是整理全球的信息并让全世界都能够使用这些信息。
- YouTube（优兔，网友也称为油管）的使命是提供迅速便捷的视频服务，让视频分享变得容易。
- 亚马逊的使命是成为全球最以用户为中心的企业，建立人们购买以及发现任何物品的线上空间。

确定你的用户是谁，他们喜欢什么、讨厌什么

你永远设计不出一个完美的用户类型。人们想法各不相同，

差别极其细微，你无法全部捕捉到。尽管我们在识别用户类型以及他们的好恶时希望做到精准，但是我们却只能采用一种没那么精确的、可以观察的方式。这个过程非常烦琐，但还好，能否达到完美并不重要，因为构建用户类型关键的不是达到完美，而是要从效率的角度出发。

当我们继续向下深挖，一般会发现一种用户类型同另一种类型之间会出现重叠，这时候你仍然是可以获益的，因为同样的事情往往会对不同的用户类型起作用。你在为一种特定用户类型创造特定价值的时候，往往同时也在为另外一种用户类型提供了价值。大部分企业都不会这么深入地研究它们的用户，因此，它们不会像你这样如此了解用户，它们会因此花费大量的钱财，而你则会因此获益。所以尽管你可能无法构建完美的用户类型，但你可以构建出高产出并且利润丰厚的用户类型。

用户类型的深度解剖

我的目标是把极其复杂的用户类型划分转化为一个简单的概念。第一步是了解你的用户及其个性化体验的组成部分。我观察用户使用的是解剖式的观点（如图 4–1 所示），用它来说明用户体验的构成。把它作为基础，我们就能够开始认识我们的用户是谁，了解他们喜欢什么、讨厌什么，理解对于他们来说，什么才是极致的并且符合自身需求的服务。

我把解剖视图的三个组成部分或者说关键领域叫作 ESP（E 代表 expectation 预期，S 代表 sensory experience 感官体验，P 代

图 4–1 用户解剖视图

表 price/value 性价比)。这几个部分加在一起，就能够告诉你用户的好恶。它的运作原理如下：

1. 用户来消费你的产品，或者说购买你的服务时，本身就带着一定的体验预期，如果只是满足这个预期，就会失败。你必须在每个触点都超越用户的预期才行。

2. 我们通过视觉和听觉等来接收信息，在每个触点上都要确保用户的各个感官体验得到满足。

3. 最后，用户对于产品和服务的预期是同他们花费的价钱密切相关的。如果你的价格超过了用户预期的价值，他们就会不满并且离开。反过来，如果你增加用户获得的价值，超越他们的预期并且把价格降到他们的预期之下，他们就会成为你的忠实用户，甚至成为你在事实上的市场营销部门。

为用户类型设计体验

通过更加透彻地了解用户在每个领域的体验，可以获得用户体验设计中需要关注的重点。

尽管我划分出了体验的三个领域，你仍然需要确保把它们看成一个互相联系的整体，看成是自己的用户。这是秘诀的基础之一。理解了部分，就能够理解整体。如果你无法将它们看成一个整体，就只能创造出碎片化的体验——这可是灾难的配方。

在前面几章，我提到要在整个用户旅途中，比如五种触点上，提供完整的个性化体验。如果你有一家漂亮的餐厅，提供的服务无懈可击，但食物吃起来味道却很糟，那么你提供的用户体验就是碎片化的，而不是完整的。你的业务最终也会衰败。

用户解剖视角的三个领域——预期、感官体验和性价比，在每个触点上都要考虑到，这有助于让你的用户体验变得更加优秀，更加契合用户需求，也更加完整。世界上最好的创新者提供最好的用户价值，并且通过不断地实践完整的策划为用户提供最好的用户价值，从而获得市场上最高的利润率。

以下例子说明了它的运作原理：一家酒店的管理者意识到酒店的网上用户希望能够在长途跋涉之后简化入住流程，酒店管理者因此找到了改善入住流程的方法。他可以设置一个预订部入住台，用户的钥匙就放在那里，进入酒店就能拿到。这对于酒店来说还有一个额外的好处，入住台的设置可以减少前台接待处工作人员的工作压力，甚至可以减少前台的工作人员数量，从而降低酒店成本。再进一步去想，酒店还可以准备一个入住欢迎礼包，里面除了钥匙之外，再放置免费的饮用水、免费wifi的使用说明、健身房指引以及一些绿色零食。

如果酒店管理者这么做了，酒店就能彻底改变第一个触点的体验，正如用户解剖视角指出的：这是一个超出了用户预期的极致体验，用户无须排队等候，就可以迅速入住；贴心的欢迎礼包满足了他们的感官体验；由于酒店提供的价值增多，而价格不变，性价比也在朝着正确的方向变化发展。

进和出汉堡店（In–N–Out）一直都在这么做。它的用户体验优异，环境整洁，员工亲切，汉堡标价合理。另外一家公司是霍利斯特（Hollister），它所售的衣服是嬉皮风，员工和环境都很棒，而且价格也非常合理。（后面会有这两家公司的详细分析。）

用户预期的构成

我在第3章用净用户价值层详细讨论过用户预期的问题（可查看图3–1迅速回顾），但需要强调的是，每个用户在购买你的产品和服务的时候，对于他能够得到的体验都会有一个预期。如果你的产品和服务达不到他们的期望，你就会失败。其实问题不是会不会失败，而是什么时候失败。

如果你不知道用户的期望是什么，那么你提供的是什么产品、什么服务也就无所谓了。你可以提供世界上最好的产品，但如果用户期望的是其他东西，那么产品再好也没用，因为用户还是会失望。

某品牌的电动滑板特别受小孩子欢迎，但是这家公司的服务却非常差劲。用户发现想让该品牌解决一个问题或者替换一个部件简直就是一场噩梦。公司的线上评分由于用户服务的负面评价迅速下降，破坏了公司的声誉，进而影响了公司的销售，而公司的竞争对手不仅科技先进，服务也优秀，吸引了不少新用户。

技术再先进也无法弥补不良的用户服务体验。因为现在的技术已经很先进了，如何创造极致的用户体验才是真正应该抢夺的战场。

因此，要了解各种类型用户的期望，了解他们对整个消费旅程、感官体验、性价比的期望是成功的关键。

超出预期

你的工作是设计超出用户预期的产品和服务。通过对用户和用户期望更深入的了解，你就能够准确地提供远超出他们预期的产品和服务。因此，要认真了解用户的真正期望，这是成功的另一个秘密原料。

从感官体验的角度来说，如果你的用户期望你的餐厅闻起来好闻，那问一下你自己什么东西闻起来好闻。难道得是那种闻起来像漂白剂的味道，才会让人觉得这里洁净吗？浓烈的蒜味会让人觉得这里的食物好吃吗？一些不喜欢漂白剂味道的用户，可能会觉得这是为了掩盖其他味道。有一些人或许很喜欢蒜的味道，但还有一些人或许会觉得蒜的味道很恶心。细分用户类型的一个直接功能就是了解什么是“好”的。

性价比也同样如此。对于你的用户来说，你的产品价格比竞争对手更高就意味着“品质更好”吗？还是说，它意味着“价格过高的宰人货”？同假日连锁酒店相比，100 美元一晚的汉普顿酒店也许会比较贵，但是同四季酒店相比，它却是非常便宜的。那么，用户究竟期望得到什么呢？他们对在汉普顿和四季酒店的住宿体验分别有什么期待呢？

- 了解你的用户在每个触点的预期分别是什么。
- 用出其不意并且相关联的方式超出这个预期。

用户感官体验的构成

人类是多感官的生命体，通过一系列的感官收集信息，这些感官再把信息通过中枢神经系统传递给大脑，数据在那里汇集处理。我们不断收集信息，以闪电的速度汇集处理，形成对整个体验的观点。

感官信息汇集处理后，我们就能做出反应。这是不是太理想化了？不。这太务实了吗？是的。而且，就是要这样才能够成功。

用户体验我们的产品、服务和品牌是通过以下这些感官输入的：

- 视觉
- 听觉
- 嗅觉
- 触觉
- 味觉

世界上最好的公司都会确保他们的用户在每个触点上都能在各个感官获得极致的体验。

多感官设计

霍利斯特的目标用户主要是青少年和年轻人，它主要采用的是南加州阳光和冲浪的主题风格。霍利斯特的主管知道自己在推销一个故事，故事就是做一个太阳晒屁股的年轻冲浪者是很迷人的。这一品牌通过不同的感官输入以及各种各样的触点，在数字和非数字渠道完美地讲述了这个故事。

比如，对于购物中心的零售商来说，做什么才能不同寻常，霍利斯特敏捷地捕捉到，味道是非常重要的。当你走近一家霍利斯特店的时候，远在几家店面外就能够闻到它的香味。其实这家公司投资研发了一种可以把香氛充满整个店面的香水泵，所以它的预触点体验已经做得很完美了，用户走进店里的时候都会抱着一个正面的预期。

此外，霍利斯特的销售员都很漂亮，他们是大多数青少年和年轻人都想成为的样子。他们不仅外形漂亮，而且经常穿霍利斯特的衣服，公司想要把这个形象展示给自己的用户。

视觉感官的输入不止于此。在努力提供极致并且对口的个性化体验的时候，店铺的设计需要看起来像是坐落在亨廷顿海滩的码头上。而且还有亨廷顿海滩码头的直播视频投放在店铺的两边。霍利斯特利用数字科技来提升现场用户的体验，而且还有店里用先进的音响系统正在播放最近的流行音乐。

从灯光到气味、音乐，到员工，再到播放的视频，霍利斯特设计的零售体验使它的用户相信如果买了他们的衣服，这些用户就变成那些冲浪者中酷酷的一员。

它的零售环境绝妙无双。我喜爱这个品牌，因为公司投入大量的心思设计了一个大胆的氛围，在带动巨大销量的同时还创造了美妙的个性化体验。

设计满足用户感官的体验

HomeTown Buffet 是美国一家成功的瑞典式自助餐餐馆，我居住的小镇上也有。这家企业使命宣言的中心是提供品质食物、友好服务和洁净环境，它的餐厅在靠固定预算生活的老年人中特别受欢迎。

如果经营者开始在餐厅里播放饶舌音乐，会发生什么呢？这很快就会吓跑它的用户，最后倒闭。会发生这样的事情吗？仅仅是音乐这么简单的东西就能够让一家企业破产吗？答案是肯定的。靠固定预算生活的老年人一般不喜欢说唱，也就是说，在设计企业的每个感官体验时要极其谨慎。

另一方面，最近我去了旧金山湾区的一家微酿啤酒厂。那里放的说唱音乐音量非常高，高到几乎听不到坐在你对面的人的声音。这家酿酒厂很潮、很好玩，音乐就是它设计的个性化体验的密不可分的一部分。结果就是，外面排队的人排到了拐角就为了进去听听音乐，喝上还不错的啤酒。

秘诀就是：当你根据不同类型用户的感官设计体验，就能屡战屡胜。微酿啤酒厂的伙计们不仅播放说唱音乐，音乐音量还很大！从音乐类型到音量，都是酿酒厂对于如何向旧金山饮酒用户提供对口体验的研究结果。

性价比的构成

我们对于产品和服务的预期同我们为其支付的价钱是直接相关的。在每个企业和每个用户的交易过程中，这个体验影响因素都会起作用。忽略它就是自取灭亡。如果价格低于用户期望的价值，用户的满意程度和销量都会增加；如果是相反情况——价格超出了用户期望的价值，他们就会成群结队地离开你。我把它称为性价比滑坡（图 4–2 中有说明）。无论如何，都要避免这种情况的发生。

第 3 章提到过，我曾经搭乘一家国际航空公司，其用户体验差到给我钱都不愿意再搭乘它的航班。这家公司不明白性价比滑坡，因此它的销量非常差，而且它曾经的忠实用户也在流失。大部分企业都会经历起步到运营的阶段，但是随后它们会变得机构化和官僚化，只关注如何赚到更多的钱。当决策者认为可以少提供价值，多抬高标价是个明智之举的时候，性价比滑坡就会发生。

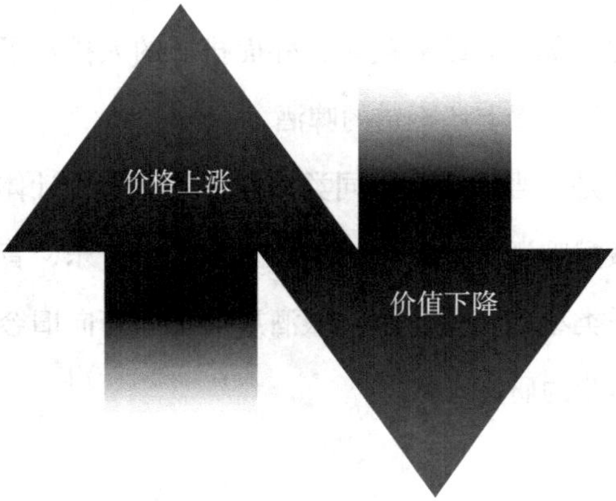

图 4–2　性价比滑坡

性价比公式

关于性价比公式有一个极好的例子，你可能已经猜到了，就是我最喜欢的连锁酒店之一——汉普顿酒店。我每年要做 47 场活动，在全球做关于创新、商业领导力和用户体验的演讲，我住过最好的酒店，也住过最差的酒店，算是一个比较精明的旅行者了。

汉普顿酒店的价格一直都非常低，却会免费提供各种各样的在其他地方要收费的设施服务，这家酒店让人感觉很上档次。汉普顿酒店的住宿体验很好，价格也非常有竞争力。底线是企业提供的东西超出了我的预期，这也是汉普顿是我最喜爱的酒店之一的原因。

> 花多少钱，得到多少东西，每个用户都有一个预期。拿酒店来说，连锁汽车旅馆 Motel 6 位于预期的最底层。它的用户期望的是一个便宜但干净的房间。但如果花了 500 美元，结果得到的却是 Motel 6 的体验，我会感到愤怒。反过来，如果我是一个开长途的卡车司机，酒店住宿的钱需要我自掏腰包，那我的需求就是花 49 美元在一个干净的房间里好好睡上一觉，到时候，Motel 6 对我来说就是一个绝佳的价值选择。

性价比公式展示了用户对产品和服务的敏感性是以他们的预期为基础的。大多数企业犯的最大错误之一就是它们在降低提供的价值的同时，还会提高价格（无论是有心还是无意的）。

> 用户的预期体验与用户实际得到的体验之间的差异就是消费者对于品牌的认知。如果得到的多于期望，他们就会有正面的认知；如果得到的低于期望，结果会怎么样？肯定不好看。

通过触点构建最佳个性化体验

我认为进和出汉堡店是世界上最好的汉堡餐厅。这简直是疯了，对吧？不对！这家公司不仅提供最好的产品——美味的汉堡，通过数字以及非数字渠道，在每个触点上都能够为各种类型的用户提供最好的个性化体验。

我们逐个触点来细看整个体验。

预接触时刻

几个街区外，在你还没有走进这家餐厅的时候，你就能够闻到它的味道了。巨大的排风扇把汉堡的香味都吹到了街上。这绝非偶然，相反，这是用户旅程的开始。你最强大的感官之一——嗅觉，马上就被香味吸引了。

这种美味的气味激活了你的味蕾，你走近餐厅发现餐厅整体保持得很好。你往窗子里面看，发现餐厅整洁，员工态度专业、衣着洁净。这个预接触的视觉故事告诉用户进和出汉堡注重品质和卫生。在用户走进餐厅下单之前，进和出汉堡就已经通过视觉和嗅觉这两个重要的驱动因素提供了极致体验。用户下单点菜的时候，脑子里面就已经产生了餐厅的积极印象。

整个体验到这个时候已经是完整的了，每个环节都连接上了。

首接触时刻

进和出汉堡刚开始是个免下车餐厅，现在这仍是最常见的首触点。开进免下车通道，你就能看到一个很简单，但是很吸引人的菜单。你不会觉得进和出汉堡店想成为每个人的唯一选择。它的使命宣言的核心是提供世界上最好吃的汉堡和薯条，它非常善于践行这样的承诺，它是专业的。

免下车通道那里有个订餐员会清楚地和你核对订单。用户可能没有注意到进和出汉堡店给它的免下车通道扬声系统投入了大量的时间精力和资源。早在 20 世纪 50 年代公司刚开业的时候，进和出汉堡店就使用了扩音器以确保订餐员和用户能清晰地沟通。这种高品质的双向沟通不仅提高了订单的准确性（对快餐行业来说，这是个重要因素），也改善了用户体验。

漂亮的建筑，简明清晰的菜单，员工热情灵活沟通顺畅，这一切构成了很棒的首接触。

核心触点时刻

进和出汉堡太受欢迎了，在加利福尼亚州，它几乎成了一个宗教。人们宁愿多开一段路程，路过几十家快餐连锁店，只为了能够吃上进和出汉堡。

如果你买过进和出汉堡店的汉堡，你应该听说过它们的“秘密菜单”。之所以说它“秘密”，是因为免下车点餐通道的菜单上是不会显示这些菜的，只有餐厅的网站上才有。通过网上的秘密菜单，你可以发现那些菜单上没有显示的菜，比如“飞行的荷兰人动物风”汉堡和那不勒斯奶昔，然后去餐厅里点。

这个秘密菜单（以及超级秘密菜单——谷歌可以查到）带给用户一种独特的俱乐部的归属感，这样，进和出汉堡店就能够提供更大范围的选择，同时还能够保持主菜单的清爽简洁。

末接触时刻

进和出汉堡店的末接触时刻是你在窗口取餐的时候。员工训练有素，利索地和你打招呼，并再次和你核对，确保取餐正确。餐品放在一个为了开车时方便食用的特制的盒子里，如果你需要，还可以把餐品放在袋子里，这样可以保证食物在拿到家或者办公室的时候还是新鲜的。

这里的员工和用户沟通时永远都十分热情开心，末接触时刻的他们会为你送上真诚的微笑。干得漂亮，进和出汉堡店，难怪它能成为世界上最好的餐厅。

内接触时刻

进和出汉堡店设计了一个独特新颖的内接触体验。用户知道了秘密菜单和超秘密菜单之后，就会经常查看这几个菜单来寻找只有他们自己才知道的独特餐品。同传统的内接触体验不同，进和出汉堡店鼓励他们的用户互相保持联系。关于菜单的讨论似乎是自发形成的——我不太确定餐厅参与了多少，总之，这种内接触体验很神奇。

注意：小心碎片化的用户体验

如果进和出汉堡店提供的大部分用户体验都是优秀的，但是有一个感官输入带来了糟糕的用户体验，会发生什么？

假设所有事情都如我上面描述的那样无可挑剔，但是这次餐厅里面飘出来的味道却非常糟糕。好像有什么事情不对劲，你会回去吗？你是会告诉你的朋友那里的体验绝佳，还是告诉他们要小心有什么事情不对劲？

只要有一个环节掉链子，再好的体验也会变坏。成功的企业和那些逐渐被遗忘的企业之间就是有这个区别。

秘诀很简单：世界上最好的品牌都能够提供各种感官输入的极致体验，它们能够通过数字和非数字渠道满足所有类型用户的需求。

如果没有这种对用户体验的悟性，进和出汉堡店就将只是另一家快餐连锁店而已，我之前说的霍利斯特也将只是另一家面向年轻人群体的潮流服装零售店。在每个触点满足每种用户、每个感官的需求的能力造就了极致的个性化体验。

整合：关于多维度用户你应该了解的

关于你的用户，有 4 件事情需要了解：

1. 关于每种感官的输入，他们喜欢什么，讨厌什么
2. 如何根据用户的性价比敏感度锚定他们
3. 用户在每个触点的期望是什么
4. 如何通过数字和非数字渠道获取用户

了解你的用户类型至关重要，尤其是因为你的竞争对手可能太懒了而不去做研究深入了解他们。

我专注研究新产品研发空间25年，我既是一个商务拓展经理，也是一个发明了40多项美国专利的发明家。我犯过很多错误，但我发现许多错误的产生都是因为不想努力研究用户类型就想把产品推向市场。早知如此，何必当初啊！

多花时间和你的用户面对面沟通，

你就能够惊奇地发现，

许多公司是不会倾听用户的。

——罗斯·佩罗

花这么多时间和精力去研究你的用户类型，又为他们的整个用户之旅设计对口体验，值得吗？当然值得了！

看看无数创业公司失败的故事，你就会发现，它们的失败在很大程度上就是因为不了解自己的用户。数据显示，有85%的用户产品都无法成功占领市场，因为这些公司根本不了解自己的用户。美国专利商标局每周签发3 000个专利，但其中只有不到2%的专利，能够成功推向市场。

我认为，产品和服务失败的最主要原因就是企业无法准确理解它们的用户，也无法推出对口的用户体验。

投资的回报

企业因不了解自己的用户和用户期望而失败的悲惨故事，其数量之多，我整理出来可以写成一本 500 页的书，但我觉得对用户更深入的了解能够为你和你的企业带来的益处，这才是最值得写的。

有了对用户更准确的了解，你可以：

- 显著降低产品和服务的上线失败率
- 显著增加用户留存和用户满意度
- 提高职业生活的质量
- 降低用户获取成本
- 建立并实现品牌价值货币化
- 为新的产品活动提供更好的参考
- 减少市场进入时间
- 增加新产品研发的生产量
- 减少广告和推广成本
- 吸引并且留住优秀人才，包括至关重要的千禧一代
- 吸引更优质的供应商和供应商关系
- 改善分销和渠道选项
- 促进销量
- 降低市场营销和运营成本
- 显著提高战略计划的回报

—— 秘诀 ——

当我们学着与用户合作时，我们就能变得更好。但不幸的是，美国的企业是建立在一个等级分明的独裁结构上的。最初，我们采用诱导性广告的形式单向地与用户对话，但这些日子一去不复返。我们的用户希望参与到对话中，希望真实地参与到和品牌的合作互动中。

进和出汉堡店设计的秘密菜单和超秘密菜单不是因为它想要摆布用户，而是因为餐厅知道用户喜欢成为它们核心圈的一员，并且喜欢餐厅与他们分享新奇的秘密菜单餐品。没人打算要向其他人卖东西，秘密菜单的出现源自数字沙箱里餐厅狂热粉丝团自发进行的一段真实对话。

内华达山脉啤酒公司（Sierra Nevade Brewing Company）的创始人兼首席执行官——肯·格罗斯曼，他是我最仰慕的人之一。他热爱啤酒，从事啤酒行业 30 年，他仍然发自内心地热爱他的用户。所以，他会和用户合作。每年都有很多他的粉丝因为他加入内华达山脉啤酒营的比赛。在谷歌上搜索“内华达山脉啤酒营”，你可以看到很多视频，人们做内华达山脉啤酒营的文身，唱内华达山脉的歌，做各种各样的事情，以各种各样的形式和品牌互动合作。

你的用户上次用你的品牌标识文身是什么时候？格罗斯曼的很多用户都有内华达山脉的文身。你的用户上次为你写歌，并在网上和千万人分享是什么时候？

要想极致优秀就要和用户保持最真实的联系。然而大多数企业只是利用邮箱诱使用户提供自己的联系信息，以在后期给他们推送最新的促销活动信息。与用户保持联系是要不断地提供免费的价值，而不是在获得了他们的联系方式后向他们卖东西。所以，倾听你的用户，了解他们的好恶，再设计真实的、持续的用户互动形式。

第 5 章　卓越创新

颠覆、执行、评估

创新与提供世界级的用户体验有什么关系？发明亮晶晶的物品以带来更多销量的旧时代已经让位于颠覆性的创新者，这些创新者使用一系列强大的工具设计出比竞争对手更优质的创新产品。我们通过创新打造出惊人的用户体验，获得了具备可行性的洞见，然后将其转化成广泛的用户触点上的美丽体验。

如果把创新看作秘密武器，当然，它确实也是，我们又该如何进行创新呢？

25 年来，我一直都直接参与创新。如今，我的咨询业务实际上已经变成“创新危机管理团队”，因为我们大部分的时间都在帮助寻找失败创新举措的补救方案。

好消息是，这帮我了解了大部分企业创新失败的五花八门的原因。坦率地说，我见到了太多创新灾难，我可以预见什么会起作用，什么不会起作用。根据这些经验和知识，我开发了一个非常简单的系统，可以确保每次创新都取得成功。

企业很容易忽视创新基础设施的开发，因为毕竟在没有它的情况下，企业也走了这么远。如果你认为市场不具有颠覆性，并且用户不需要更多，那么也许可以忽略创新的需要。但是，情况并非如此。事实上，渐进式创新与平庸的用户体验之间有直接的关系。

三个简单步骤推动创新

我把学到的东西融入了推动卓越创新的三步系统。虽然我花了多年的时间来理解和开发这些步骤，就像最好的发明一样，这些步骤实践起来其实非常容易。

第一步：创新准备情况评估

如果你去看病，在没有做任何测试或检查的情况下，医生给你开了治疗心脏的药物，那么你肯定会很怀疑。对于你的机修工呢？你把车送去保养，没有打开引擎盖看，机械师就声称需要一个新的变速箱。除非医生或机械师有某种 X 光透视能力，否则你会转身走人。

企业也是如此。如果没有对正在尝试解决的问题以及目前采取的措施进行全面的评估和诊断，你就无法创建创新计划。要想确认企业是否已经准备好进行创新计划，确认它应该是什么样子，首先需要从良好的评估开始。

令人惊讶的是，大多数企业没有进行全面彻底的自我检查就开始了创新工作。请记住，创新是一个精密的生态系统，由数百个动态部分组成，包括用户类型、期望、感官输入、性价比敏感度和协作环境等。企业要想取得成功，必须拥有必要的系统、方法、工具和流程，才能实现创新。

做好评估准备工作

多年来，我尝试塑形和减肥，结果都是反反复复。我遵循饮食和健身计划，但没有真正起效。我总是回到最开始的情况，或者更糟。直到我请了一位健身教练，一位具有外部视角、经验和训练有素的健身教练来帮助像我这样的人，我才能真正保持健康，并得以持续。

同样，我发现，请外部专家对商业产品进行创新准备评估（有时称为创新差距分析）也十分必要。对于大多数企业而言，由具有最佳经验的公司进行创新准备评估至关重要。这些公司培训了具有外部视角的专家。就像我的健身计划一样，为了获得最佳效果，需要从外部视角向内审视。

一位用户告诉我，在他的企业接触到我之前，已经进行了自我评估。以下是他总结的特点：“进行自己的创新准备评估就像做自己的扁桃体切除术。很疼而且结果不好。”

如果你决定自己做评估，首先要在最佳的创新经验方面进行培训，以便准确地理解真正的需求。有意义的用户培训是至关重要的，因为我们没有人生来就是用户体验方面的专家，我们需要培养技能。大多数企业雇用了真正优秀的人来做用户服务，但是没有经过任何培训就把他们推出去了。（在我们的业务中，“Lassen Innovation”为不同的职位提供定制的培训，许多公司也这样做，但它们只是用谷歌搜索。请记住，所有培训都应该根据你的特定需求来定制，并只适用于特定职位。例如，销售人员可以获得一种类型的培训，而高管则可以获得另一种类型的培训）。

另一方面，所谓的创新专家到处涌现，所以一定要明智地选择。企业最不需要的就是引入新一级的官僚主义，官僚主义是创新的敌人。聘请一家有经验的公司来应对失败的计划，避免任何只提供注水解决方案的公司。模板不起作用。在我们的创新管理咨询实践中，我们有一个简单的过程：了解用户，制订创新路线图，然后协助执行。这个过程的回报最高，风险最低。

年轻时，我曾前往苏黎世旅行。当然，我肯定要在那买一块瑞士手表，这让我有机会与瑞士制表师交谈。这位瑞士制表师对于时钟和手表内部的运作有着深厚知识和专业功底。他的商店中心有一个巨大的时钟，钟前面是没有玻璃罩的，你可以看到这个机械杰作内部精妙的运作。

钟表师谈到，手表（和钟表）是一种精妙的生态系统。他告诉我，只要机械误差有任何轻微的变化，就可能会发生两件坏事：（1）手表会完全停下来。实际上，他宣称“停止是好事”，他解释说，当手表停下来时，它就在告诉你，它已经坏掉了，并且提示你进行维修。（2）手表继续走，但主人并不知道，它不再准确。手表主人以为一切顺利，所以直到他错过一次重要约会之后，才会修好手表！

这就是危险所在。创新就像一块手表或者一口钟，有着成百上千个动态部件。如果这些部件不能同步工作，你的创新系统就会混乱。

许多公司都有嘀嗒走动的表，因此它们认为自己拥有创新性。例如，一家公司的新网站可能吸引了在线用户，公司因此认为其整个创新系统已经得到优化，从市场上收集的信息是正确的，它以为开发创新的方法进行顺利，但最终只会发现自己被已经存在或者正在涌现的竞争者蒙蔽了双眼。

我永远不会去尝试自己修手表。这太复杂了。我知道这需要一位了解数百个动态部件以及如何优化它们的外部专家。创新项目也需要动态部件，它们汇集在一个正式的创新管理结构中。像我的手表一样，创新计划也很复杂。大多数企业没有咨询专家的意见就进行创新，它们往往忽略了诊断和发展阶段，并没有通过最佳的创新实践来实现优化。但是，这正是获得最佳结果所需要的。因此，恰当的创新通常是由外部专家设计和实施的。

第二步：创新路线图

根据你的创新准备评估，你已确定是否拥有适当的资源、系统和人才。你也已经确定了你的创新差距在哪儿。

下一步是创建你的创新路线图。令人惊讶的是，绝大多数希望推动协作和创新的企业实际上并没有制订一个创新计划。正如俗话所说，“未能计划就是计划失败”，而创新就是这样。

我猜想，如果你打算聘请一位财务副总裁，你首先应该仔细评估对方财务管理和领导的相关资格、培训情况以及经验。然后，你会仔细考量到底希望公司未来有怎样的发展方向和实现路径。

然而，负责执行创新的大多数人很少或根本没有最佳创新经验的培训。制订路线图是这些最佳经验的关键要素。这就是为什么招聘或者拥有一个理解最佳创新经验的资深员工非常有价值。

> 我猜，哪怕是最小的手术，你也不会让那些只是“感觉”自己是天生的外科医生的人操刀。你可能会往相反的方向逃跑，并且越快越好，越远越好。外科医生必须完成大量的培训，才能确保他们知道自己在做什么。
>
> 创新也不例外。它需要特定的学习技巧。不提供创新培训和指导的公司是失败的。

设计创新路线图

一旦完成了全面的创新准备评估，请帮助自己一个忙，花时间制订一份路线图，根据公司的独特性进行设计。一定不要跳过这一步。良好的创新计划会为投资带来巨大的可预期的回报。

研究表明，创新计划失败的主要原因是它们没有与企业战略精确联系在一起。在设计你的创新路线图时，要确保你的创新是为了实现企业的既定目标。

第三步：创新执行和评估

在医疗方面，正确的治疗途径是让医生进行彻底的评估和诊断，制订有针对性的高质量治疗计划，并最终执行，评估诊断结果。

这种线性的、循序渐进的方法非常有意义。这也是创新能够取得成功的正确过程。完成创新准备评估并制订完整的创新路线图后，最后的阶段就是执行和评估。为此，你必须确定你将如何评估成功，填补所有资源缺口，并保证持之以恒地进行。

不同的资源需要不同的创新成功评估方式。有的有三种基本方式，有的有十种。为了简洁易懂，我建议使用这种方式，即确定创新在多大程度上帮你完善了特定的战略计划。使用最佳创新实践后，你得到了多大程度的提升？例如，如果你的目标是降低成本，那么成本减少了多少？考虑到我们的目的，我们要评估的是创新在多大程度上帮助你完善了在用户之旅中提供的体验质量。

> 创新非常有趣，并且与人类形态天然联系在一起。我们是创造者。这就是我们在执行创新过程中所做的事情，它令人难以置信，却也激动人心，并且回报极其丰厚。

成功创新的六大因素

作为管理顾问，多年来我参与了许多次创新计划的制订。我总结出六大要素，我把它们称为成功创新的六大因素。接下来我会依次展示企业通向成功创新的六大因素。

完成：我认为有 90% 的创新项目之所以失败是因为它们不是完整的。像表和钟，其生态系统是很微妙的。不同种类的成功必须都有生机，否则你的生态系统将崩溃。

换言之，你需要创新管理、创新培训、创新系统、创新流程、创新工具和技术支持全部准备就绪。漏掉任何一环，创新将不过是一个标志和一个企业口号。你的创新准备和评估如果妥善完成，将确保你具备成功所需的全部要素。

个性化：每个行业都是不同的，行业内的每个组织也是如此。远离“一刀切”解决方案的提供者。创新设计必须同企业对风险和机会的需求偏好以及企业特定的独特的用户类型保持一致。

创新还需要同企业的目标和对成功的衡量标准保持文化上的一致和真实。通过完成一个完整的关于创新就绪的评测，你可以了解如何个性化设计你的创新计划，以满足企业和用户特定且独特的需求。

文化：这是创新的生命维持系统。如果你的企业以风险为中心并且害怕内部与外部的合作，那么你的创新计划注定要失败。如果你的企业文化是基于恐惧以及不合作，那么你就很有可能要面临其他影响企业成功的问题。

现在的企业需要吸引千禧一代的人才，它们需要协同生产共同合作，并最终需要创新。要想达到这样的目标，就要有“鼓励勇气”的意愿，扶正你的企业文化，因为它才是新的企业使命。

合作：作为一个发明家，我知道极少有创新者是独立完成创造的。人们总是会协同工作，创造新的产品和服务。

大部分人害怕合作，因为担心其他人会抢功，在另一些情况下，他们担心其他人会照抄他们的创意。但是我却认为，最好的创新者在根本上都是协作者。

在你的企业里建设一个协作的环境，为人们交换想法、进行创新提供时间和空间，最终让协作成为企业文化的一部分。

联系：保持联系这个词经常被提起，但大多数企业中，人们很少和其他人形成重要关系。但是创新和协作要求人们要保持联系。保持联系最好的办法之一就是技术应用，比如企业社交网站和类似平台。

你还可以召开头脑风暴会议，设立创新实验室或者举行其他创新活动。利用这些方法，将有创意的人们聚集起来一起分享想法和体验，同时帮助寻找发明卓越用户体验的更多机会。

以用户为中心：本质上讲，那些掌握了用户服务和用户体验的企业与那些未能成功掌握的企业有着理论上的不同。创新成功来自以用户为中心的企业，创新失败则来自以公司为中心的企业。

这是个悖论，如果你越关注实现内部的企业利润，你就会越少地关注企业真正的利润，也就是你忠实的用户。而你越向外关注你的用户，你的企业本身就更容易获得成功。

作为一个发明家，我很喜欢 Shark Tank（鲨鱼坦克，又称创智赢家）这个美国电视节目。吸引我的地方主要是节目所展示的我们的极度无知——“如果你发明一个新的捕鼠夹，全世界都会为你铺好道路”的那种无知。这种老式的捕鼠夹已经申请了成百上千的新专利，但只有屈指可数的几家取得了商业成功。大多数人都在回答那些没有人问的问题。

不要做用户体验计划的业余选手，做一个颠覆性创新者，要真正准确地了解用户们关心什么，然后再在每个触点传递美好的体验。

创新：风险和回报

用户通过科技或服务接收到的每一项新体验都是一种创新。我们设计这些技术和服务的方式不过是其中的一种，在用户旅程中为一系列的用户类型提供差异化的价值。

风险之于创新正如创新之于一组股票投资组合一样。渐进式创新就像低风险、低价值的股票。低风险的回报就是低货币收益。渐进式创新是低风险的，相应就会产生较低的用户和企业价值。

最好的创新者会结合渐进式的创新创造一系列高风险、高回报的颠覆性创新。当你在为你的用户开发新体验时，不要局限于创新价值范围，要实现各种范围的创新风险和回报的创新。

渐进式创新 vs. 颠覆式创新

大多数企业的问题是，其创新在本质上都是偶然发生的。因为这些机构没有正规的创新流程，不能给用户提供高价值、差异化的创新。更糟糕的是，多数的企业创造出的不过是现有系统或流程上细微的改进。

Netflix 并没有发明出更好的录像带或者 DVD，它做的不是微小的改进。相反，它创造了一种全新的方式来提供价格实惠、高质量、高分辨率的电影。

Netflix 没有局限在渐进式创新价值之中。相反，它引领了颠覆式创新，完全改变了我们看电影的方式，并因此获益。

在瞬息万变、需求旺盛、竞争异常激烈的市场中，我们需要创造既有突破性又有颠覆性的创新。换言之，我们需要超越对现有经验的渐进式改变，创造能够彻底取代过去的新体验。

创新，正如其他的行业一样，需要你卷起袖子开始干活儿。研究开发一个创新项目的全过程超出了本书的探讨范围，但是我想说明的是，如果你的企业想要为用户提供极致的体验，那么就需要进行创新。你们中的一些人可能已经有了成功的创新计划。但对于那些没有的人来说，我强烈建议你开始这个强有力的、最棒的实践。

—— 秘诀 ——

切记，不论你出售的是产品还是服务，都处于用户体验行业中。用户体验不仅仅是培训员工的功能，还是设计功能。如果你想设计一个成功的产品，它就需要在每个触点上为用户提供价值。

创新既是一门商业学科，也是一门哲学。哲学始于以用户为中心的世界观。渐进式尝试会导致失败，甚至更糟，让你失去信誉。除非你真的想要坚持下来，否则不要进行创新，更主要的是，要确保你做得正确。你在开启创新计划时，请记得加入仪表盘和测量系统，这样你就能看到什么是有效的，什么不是。建立鼓励勇气的团队文化，设立有助于你了解直面用户的团队架构，谨防“一刀切”的创新计划，对于创新来说至关重要，因为创新没有统一的成功模式。

让你的创新计划成为一个完美的手工定制的用户化产品，使之符合公司的独特目标和企业文化。别忘了，这真的很有趣，所以要让它充满活力，吸引人，值得你的团队付出努力。

第 6 章　开放式创新

合作驱动的反馈、思考和改进

用户类型划分的作用非常强大，它比用户细分更能帮助你深入地了解你的用户。当你开始区分你的用户类型时，对用户期望的认知也会改变。你可以通过用户的视角、用户的体验看世界，你可以感同身受地理解他们喜欢和厌恶的东西。反过来，这也会影响你理解和设计用户体验的方式。

用最简单的话来说，你卖的是用户体验，这种体验是具体的产品还是服务并不重要，你的企业是面向用户还是面向企业也不重要，你要做的只是为用户提供极致体验，我们都一样。

我们说过，要想创造出众的体验，必须要创新。每个行业都是独特的，每种用户类型也是独特的，所以每次用户体验也要根据这两种独特性来定制。这也是本书的核心前提。

合作是创新的主要驱动，也是为获取竞争优势应该做的最重要的事之一。我曾与一家大型电脑厂商合作，这家企业的团队遇到一个产品缺陷：USB 的电池盖总是会脱落。由于设计团队和服务团队之间没有协作，这个问题越来越严重。两个团队如果一起合作，早就能找到解决办法了。

善于提供极致个性化体验的企业会和各种各样的利益相关方合作，既有企业内部合作，也有企业外部合作，可以是供应商、竞争对手，也可以是自己的员工。这些合作对象又可以划分成不同的用户类型，了解每种合作用户的类型可以帮助你为他们设计出更好的创新。在你为这些合作用户打造极致体验时，你也在从头到尾对整个业务体验进行改进，市场上那些实实在在"付钱"的用户也会因此受益。

合作对创新过程的贡献

我的整个职业生涯都在创新领域。我从中学到的一件事就是要想为用户创造极致的问题解决方案，就要同其他人沟通合作。在创新过程中我们不可能成为所有人想要的任何东西，我们不可能无所不知，不可能是每个领域的专家，也不可能独自产生最具创意的想法。

主要的合作类型

卓越的创新需要引进特定的生活技能组合和不同合作方的新视角，才有可能提供更高水平的用户价值。我把不同的合作方分成了四种用户类型，你可能有其他的划分方法，但这四种可以作为一个很好的开始。图 6–1 介绍了主要的合作类型，你可以和他们一起设计极致且精准的用户体验。

每种合作用户类型都能够为你在用户之旅中各个触点上的极

致体验带来独特而重要的贡献。每种类型对于用户之旅和不同角色的实现都有不同的看法。通过这些不同的角度，你就能够更加清楚和完整地认识到你需要设计的用户体验和期望是什么。

图 6–1　四种主要的合作用户类型

在工作中我见到过很多“想法流氓”企业，它们认为自己无所不知，并且无所不能。正是因为这种局限的心态，它们最后设计出的常常是一些几乎没有什么用户价值的渐进式创新。

另一方面，成功的企业都是合作者。几年前，我有幸参观了梦工厂制片厂，在那里了解了一个梦工厂人称为“秘密房间”的奇妙故事（这故事已经有几年了，希望没记错）。动画师希望有一处他们可以合作、可以一起畅快玩乐和交流想法的空间。一天，一名动画师在上班的路上发现他所在的办公区里有一块露出的地方。观察后，他在里面发现了一块未装修的区域，于是动画师们开始在这里玩了起来。要知道，创意者不仅仅是在白天有创意。一天过去了，一周过去了，动画师们搬来了假壁炉、吧台、烛台、圣诞树以及其他各种各样的家具。最后，管理部门发现了这个地方并开除了这些动画师，因为他们做这些事情未经任何人的允许，也违反了各种各样的监管准则。但是，管理人员很快就发现了这些被开除的人很多都是他们最优秀的人才，所以又把他们聘请回来上班了。动画师们还把房间改成了和整个建筑一样的风格，为了使这个地方不被其他员工发现，他们还把入口改成了像书架一样的门，要拿起《战争与和平》这本书，门才会开。

关键在于人们希望合作，尤其是那些创意工作者。伟大的企业尊重自己的员工，允许员工按照自己的方式做事情。它们寻求共同创作，这样就可以做出领先于行业并契合于市场的完美创新和个性化体验，它们乐于学习不同领域的技能和经验，这样就可以为用户设计出更加完整的体验。

向用户学习

我之前一直在强调为用户创造极致并且对口体验的重要性。事实上，与用户一起创造体验也非常重要。你的用户也是你的创新战略联盟中最重要的合作方。

与用户合作的方法有很多，这里我们讨论其中四种最主要的方法。

数字沙盒：倾听、学习、应用

美国西南航空公司有个叫作“西南航空大吐槽”的博客，公司的粉丝，也就是用户可以在这里吐槽关于西南航空的服务，他们喜欢和不喜欢的方面。

西南航空是个以用户为中心的公司，公司的人力专员真的会倾听博客上大家的对话（也就是我说的战略性倾听），再把从中学到的东西应用到实践中去。

很多执行总监觉得设置数字沙盒让用户公开讨论对品牌的好恶所面临的风险太大，但往往不这么做的风险才是最大的：数字沙盒是获取实时、真实观点的最佳方式，用户可以为你指出需要改进的领域。更重要的是，他们还会告诉你如何进行改进，让你能够做出更出众、更加符合用户需求的体验。

在线任务：便宜且易于实践

在线任务是与用户合作的另一种方式。它是指只要用户提出在不同触点改善自身用户体验的想法，公司就大力奖赏他们，这是一种低成本获取权威可靠并且可实践的创新的方法。

它还有个额外的好处，就是用户能够从中获得参与感，能够感受到自己的需求有人倾听。反过来，这个方法给用户带来了更强的主人翁意识和更大的权力，增加了用户忠诚度。双赢。你也不用从零开始设计这些在线任务，有很多模式化解决办法，可以参考 Yammer、Spigit 和 Bright Ideas。

在线任务不仅可以由外部用户参与，当然也可以由企业员工进行内部参与。比如，“财富 2000 强”的企业中有 80% 使用了局域的社交网络。这些局域网使得企业中不同类型的人们一起出去玩，它的设计是为了平衡游戏机制和增强社会参与感，并且这些局域网很像脸书网站，它们鼓励员工围绕着企业需求、企业问题及机会进行合作。

比如，汽车服务公司的一个挑战可能是提高用户登记和签入的速度。公司就可以设置一个任务游戏，因为人们喜欢赢。这个任务引发讨论和对话，而且可以持续更新。这种方式一般被称作内部人群资源，这也展示了合作的力量。你会惊讶于企业员工竟然有这么多很棒的想法。

创新探险：感受体验

正如第 2 章所讨论的，要想真正理解用户类型和用户体验，就必须走出去亲自感受用户在每个触点上的体验。我把这些经历叫作“创新探险”。

走出自己的小天地，每周花时间以用户的角度体验每个触点的经历，这就是创新探险的核心。确保每完成一次探险，都要产生新的以用户为中心的创新想法。每周一次，如果能够坚持一年，你就会有 50 多个以用户为中心的创新想法可供选择和实施。这会改变你的业务，还会改变你的人生。

头脑风暴：反馈 + 想法 = 创新

带着在全部网络和线下渠道创新的具体目标去邀请全部类型的用户参加正式的头脑风暴会议。听听他们的反馈和想法，挖掘新的创造领域。

奇妙之处就在于这些想法出自一群最重要的人——你的用户。这不是焦点小组那样的方式，你就他们的体验提问，获得信息后同你的其他“大数据”进行校对，而是一个咨询他们具体意见的有序环境。挖掘用户的好恶，他们就能教给你要创新什么。

> 最不满意的用户是你最大的学习来源。
>
> ——比尔·盖茨

向股东学习

员工的重要性仅次于用户。在这个语境中，你的股东就是你的员工。

一般来说，企业目标的设计是为了实现战略目标，比如提高效率、降低成本、发现新创新以及改善用户关系。股东 / 员工之所以非常重要，是因为他们直接面对问题、直接面对机会，也直接面对用户。他们在一线实实在在的和用户打交道，解决实实在在的问题，他们比你更了解实现企业战略的方法。

与员工合作可以带来巨大的未开发的企业价值，包括但不限于以下方面：

- 显著提高工作生活的质量
- 缩短上市时间
- 改善用户之旅的体验

- 每个触点的最大化创新
- 降低获客成本
- 提高对千禧一代人才的吸引力

以上所列项目还可以不断增加。

股东可以激发你最好的创新。我的咨询公司最近受雇于一家企业，这家企业的境内销量突然下跌了15%。在雇用我们之前，该公司为了找出导致这种下跌的原因，找了很多家咨询公司来诊断它的定价策略、做出竞对分析、研究市场趋势。历经4个月，花了200多万美元，原因仍然不得而知。

了解了这个背景后，我们直接赶去询问公司的员工，他们是我们最需要交流的人，也是公司中最聪明、最敬业的人。问了三个人之后，我们就找到了问题所在。

我问一个员工，他觉得是什么原因导致了公司境内销量暴跌15%，他的回答是这样的："是等待时间，还用问吗？"

"等待时间？"我问。

"电话等待的平均时间由3分钟增加到9分钟后，销量就下降了。公司想减少电话营销岗位，降低成本。"

就这么简单！

我们的进一步分析证明了员工们的判断是绝对正确的。实际上，等待时间增加之后的数据显示得很清楚，用户们直接就把电话挂了。我问那个员工为什么不把这个原因告诉他的经理，他答道："他们从来不问。"

得出结论了。（有道理。）

我常常发现很多用户都不会做计算题：他们会做减法却不会做加法。他们非常善于减少成本，却不善于增加收入。我们知道，获取一个新用户的成本是维持老用户成本的 10 倍，不需要多复杂的计算就能够意识到，如果因为服务不到位导致用户流失，你的公司最终是会倒闭的。公司坚信，如果减少成本，收入就能够自动增加，但它们却忘了用户还有其他选择，等待时间的增加也就意味着用户会选择其他地方。它们错误地以为通过降低价值来减少成本就能够轻易地有所收获，却不自知。苹果商店里有几十个店员，但百思买却只有几个店员，这该如何解释呢？苹果的每个店员都在做销售工作，如果员工数量减半，销售量也会减半。用户是不会等待的。

利用实践进行参与

同员工合作最好的方式是引入最佳创新实践，第 5 章里已提及一部分。创新是个非常微妙的生态系统，你创造的必须是一个完整的系统，里面要包括能够促成创新见效的最佳实践，而这些实践又必须是利用了社会化和游戏机制的。你要为员工创造彼此合作的机会，给他们时间及空间去合作。外面的专家可以搭建合作框架，提供最好的实践，然后你就可以据此执行。执行一点儿都不昂贵，而且投资的回报会是巨大的。创新的战场上硝烟弥漫，我们要赢得这场战役。优步并没有重新发明出租车，它重新发明了用户从一个地方去另一个地方的方式。这就是颠覆式创新。

通过内部社交网络促进参与

企业促进员工合作的最佳方式之一就是使用企业的内部社交网络。这些内部网络类似于脸书，人们可以在上面发布具体的创新任务。我曾经和一家公司合作，这家公司想要显著降低运营成本，以为用户研发一款更便宜的产品。于是主管们在公司内部举行了一场“最佳失败者挑战赛”，请公司3 500名员工寻找公司系统中的金钱漏洞。没过几周，他们就发现了上百万元的漏洞，这远远超过了他们降低运营成本的最初目标。利用游戏机制和社会化机制，你可以大大提高员工的参与感和合作意识。

向合作伙伴学习

最优秀的创新还有一部分是通过你同战略伙伴以及盟友创造综合价值的方式产生的。

我有一个用户是全球最大的医院连锁集团。它的目标是改进自己给病人提供安全临床体验的方式。为了达到这个目标，我们定期和医院的供应商举行头脑风暴会议，结果令人惊异。

在接下去的观点交流中，我们想出了各种各样的新技术和新服务。医院一分钱没花，却获得了1 500多万的收益，降低了负债、提高了病人就诊量，并且显著提高了病人的满意度。同时，供应商和合作伙伴也提高了自己的收益、增加了和医院的合作机会以及合作紧密度。只是和合作伙伴坐下来一起聊聊，就得到了这个结果，已经相当不错了。

与合作伙伴的关系也是决定你设计的用户体验能否成功的一个非常重要的战略组成部分。在我们这一行，我如何服务我的用户也与我的战略伙伴紧密相关。

向竞争对手学习

“开放式创新”到处都有人用，但很少有领导者明白这个词的真正含义。从我的角度来说，开放式创新意味着与每个人合作——有时候甚至是与竞争者合作。

开放式创新最有趣的例子之一就是有肯·格罗斯曼创立的内达华山脉啤酒公司，我在第 4 章里讲过这个公司。格罗斯曼认为，实际上，竞争者是不存在的。他会定期和其他酿酒商合作，比如为了纪念公司成立 30 周年，他和 4 家竞争对手一起开创了精酿啤酒的潮流，他们一起创造了包含 4 款啤酒在内的一个系列，每款都是同精酿啤酒的先驱一起酿造的。我觉得他乐于合作的意愿是他成功的一大原因，也是他在精酿啤酒行业倍受尊敬的原因之一。

很多公司都有与竞争对手合作共赢的机会，他们认为世界是丰富的，他们不惧怕合作，他们渴求合作。他们明白，通过交流想法、经验和技术，与行业内的人合作可以实现共同繁荣。

然而，还有一些人认为，世界上的资源总是稀缺的，也就是说，他们把你当作敌人。这种竞争对手是不会成为一个好的合作伙伴的，因为他们的出发点是恐惧。所以要谨慎选择你的竞争对

手，因为他们也将是你实现企业整体创新使命的一部分。

—— 秘诀 ——

作为一个拥有 40 多项注册技术的发明家，我很开心能够在职业生涯中取得这么多荣誉。但其实，我在创新方面的成功很多都是与其他天才人物合作得来的。我在观察那些最具创新精神的公司时发现，这些公司的文化都是鼓励合作与协作的。它们鼓励团队去尝试，为用户研发更独特的产品和服务。它们鼓励勇气，促进这样的合作。

开放式创新不仅意味着我们可以同竞争对手进行合作，更重要的是，我们真的要花时间和精力去了解我们为之服务的用户。我们需要了解隐含意义，并弄清楚促使用户体验取得突破的细微差别。

第二部分

绘制你的
用户旅程地图

我几乎是讨厌用“旅程绘制”这个词的，因为用这个词的人太多了，这让它几乎成了一个没什么意义的通用术语。人们以各种方式体验你的产品和服务的过程及其对这种体验方式的感受，就是旅程绘制，这是件非常简单的事情。但这个非常简单的概念已经变成了一个体量庞大的怪物。

关于如何在每一个触点上观察用户的好恶，我非常喜欢用“颗粒”这一概念，但是我们也要特别注意，避免过于细微地去评估每个触点，因为这样得出来的结论是难以付诸实践的。

在个人电脑刚问世的时候，人们必须要了解磁盘操作系统（DOS）的代码，只有输入非直观代码才能够让电脑发挥基本的功能。简单来说，其模式就是：繁杂手动输入 = 简单功能输出。直到 GUI（图形用户界面）问世，个人电脑才迅速流行起来。苹果以及 Windows 操作系统等 GUI 系统遵循的是一个新的模式：简单的图标点击 = 复杂的电脑功能。

在第二部分，我将展示绘制用户旅程地图时常常用到的五个步骤，也就是五种触点：预触点、首触点、核心触点、末触点和核触点。它和 GUI 一个道理，非常简单。

第 7 章　预触点时刻

推崇，还是毁灭

预触点时刻其实不算是一个实实在在的触点。它最简单的形式就是用户还没使用你的产品和服务，但是已经在决定是否要尝试一下。用户仍处在调研观察阶段。

比如，人们可能会开车过来看看你的餐馆，再决定以后是否会来大吃一顿。人们也可能用手机和电脑搜索你，寻找谷歌、Yelp 以及猫途鹰的评分和评价，查看到目前为止，你在用户群中的声誉。

大部分企业对于这个重要的触点几乎一无所知，主要是因为在没有产生接触的情况下很难收集潜在用户的信息。你要去问谁呢？又如何建立联系呢？这个时候社会分析的用处就非常大了。

矛盾的是，你对于预触点的主要控制方法也在于其他四个触点上。网络渠道尤为如此，包括老用户在网上发布评论并评价体验质量。也许听起来啰唆，但是预触点的关键就在于通过网络和线下渠道在其他 4 个触点上提供同样极致的体验，满足各种用户类型的需求。

为胜利而玩：赢得喜爱

要想赢在预触点，就要利用我们生活在一个信息共享的经济体中这个现实条件。超连接的世界赋予了用户推崇你或者毁灭你的权力。

如果只是提供基础预期水平的用户服务，用户对你的评价就一般。你提供的体验水平一般，用户没有理由再提起你。如果用户不再提起你，业务就没办法扩大，你在线上的存在感会越来越小，甚至几乎为零。

如果想让用户对你口口相传，其他四个触点上的体验也必须达到极致水平，极致的体验让用户赞不绝口，这又反哺了预触点体验。之后，当潜在用户搜索你的相关信息时，搜到的都是好评。

即刻真相

即刻真相（ZMOT），谷歌用其来指代预接触信息阶段及通过为用户提供极致体验创造的价值。用户在几秒之内就能够对你的公司和产品进行彻底的背景检索，如果你的公司不行，那么你将无处可藏；如果你的公司很优异，那么用户就会为你推广。[1]

好消息是，如果你在网络和线下渠道为所有用户类型都提供了极致体验，就能够建立起良好的网络社区声誉，显著促进销量，并且降低获客成本。

庆幸的是，在我们生活的世界中，只要用心服务，就能够获得良好的工作环境、满意的用户和收入的增长。对于我们来说，只要关注我们服务的用户群，深入了解他们的好恶就足够了。这是件好事。

网络声誉

我们都知道这样一个趣闻：把青蛙放进热水中，它会跳出逃生，但如果你把青蛙放进冷水中慢慢加热，它就会死在热水中。在第二种情境中，青蛙没有注意到水温在慢慢升高，仍然静坐在水中，完全没有意识到自己正面临死亡。

科学地讲，这个故事是假的，但它充分说明了一家优秀的公司如果不关注环境的变化，结果会很惨。很多变化都是逐步的——比如公司网络声誉的变化。如果你现在还没有意识到用户会和许多其他人谈论在你这里的体验，那么你就会像温水里的青蛙，逐渐死亡。

网络声誉是预接触过程中最重要的部分，因为用户想要知道你的产品或者服务是否能够满足自己的需求。用户群体通过网络可以了解到你对待用户的态度，所以网络平等是你最好的朋友也是你最坏的敌人。（并非所有的预接触时刻都是依靠网络实现的，但大部分都是。）

网络连接无处不在，水温已经改变了，要让它更好地服务自己。这章后面的部分会展示如何用我的“三步走预接触计划”来更好地利用这个环境。

> 据估计，在2016年，全球约有1/4的人口，也就是20多亿人使用智能手机。到2020年，这个数字会迅速增长到60亿。[①]
>
> 尽管人们互相联系的方式已经发生了如此巨大的改变，但还是有位管理人员谈到他的公司提供用户体验的方式时，告诉我这与数字领域毫不相关。这才是温水里的青蛙，死到临头却浑然不觉。
>
> 当新的可穿戴科技出现并流行起来时，用户联系的方式会变得更加重要。拒绝网络的企业和管理者会被其他利用这个机会提供极致用户体验的公司远远地甩在后面。

线下商店的体面

我花费了大量时间讲述用户的网络预接触体验。其实大部分用户在和你产生物理接触前会先和你产生网络接触。无论你经营的是甜甜圈店还是做几十亿美元企业生意的公司，道理是同样适用的。人们都会在谷歌上搜索你。

但对于很多公司来说，还有一个线下预触点。如果你在当地

① 这本书的英文版出版于2016年。——编者注

的主干道上有一家甜甜圈店面（或者像第 4 章里讲过的，In–N–Out 汉堡店），你最重要的预接触时刻应该是用户看到你实体店面的时刻：你的停车场如何，你的标志如何，你的绿化如何，从窗户往里看的时候如何，以及用户和你交易过程中的任何方面的体验。

苹果是全球最大、最成功的企业之一。你最近去过苹果线下商店吗？苹果线下商店是酷炫和潮流的象征，苹果的产品也是如此。无论你的企业规模是大是小，无论你是卖甜甜圈、手机还是其他，只要你有实体店面，用户就会评价你，所以要确保不要让他们失望。就这么简单。如果店面标志和绿化都很糟糕，而且店里一点儿都不整洁干净，那就等着吧，网络评论一定不会放过你。

为了理解如何构建完美的预接触时刻，你需要站起来、走出去做调研，策略性地倾听和观察。到街上去感受一下用户会如何看待你的食品质量，从用户的视角去感受用户的体验。绕着你的店走一圈，看看从窗户里面都看到了什么。如果你是用户，你看见了什么？听见了什么？闻到了什么？又想到了什么？

为了能够成功制造完美的预接触时刻，你需要了解网络和线下渠道都是会用到的。尽管一些行业比其他行业更依赖网络，也同样需要重视线下渠道，确保提供的体验是高质量且完整的。

质量远胜于数量。一个本垒打胜过两个双打。

——史蒂夫·乔布斯

当你足够优秀，就无可隐藏

很多公司花大价钱去消除企业的负面评价。但人们其实很聪明，最终你的潜在用户会发现是谁在捣乱。

如果你给用户的体验是极致的，用户们就会通过网络进行分享传播，他们会成为最好的宣传资源。但是，用户更容易发表负面评价信息，那会使你的网络声誉逐渐倾向负面。

唯一的解决方法就是把自己变得非常非常优秀。但是，这样还会有人说你的坏话吗？当然有了，但是我发现你的真实用户群会经常去中和这些负面评论，尤其是那些虚假评论。

> 我有一本书在亚马逊上的评论几乎全是5星。然后匿名竞争者出现了，发表了很多对书的负面评论。
>
> 我有一个读者迅速回复了这个用户，并且曝光了他其实是我们的竞争对手之一。

成百上千的例子说明公司的用户群会维护公司的声誉。正是这些拥护者保护你不受“喷子”的攻击，而“喷子”就是那些有意抹黑你的人。

三步走预接触方案

如果按照我的预接触方案的步骤操作，你不仅不会被这个快节奏的世界不断变化的水温伤害，反而可以把变化当作你的优势，让现有的用户为你带来更多的新用户。

第一步：调研

设计完美预接触时刻的第一步就是了解用户在这个接触点上都经历了什么。你要调研你的潜在用户在看到你的公司时是怎样的体验。

我震惊的是很少有企业肯花时间去研究人们看待他们的方式，而这样简单的一步所能揭露的不足和长处，是你无论如何想不到的。调研不会花费很长时间，而且绝对物有所值。

> 有一天，我在加州一家当红餐厅吃饭，我注意到柜台里有一罐医用杀虫剂，我立刻想道："我的天，这个地方有虫子！我要离开这里！"然后我离开了。反应略微肤浅了吗？也许吧，因为用户对我们的了解也是肤浅的。如果我们不注意这些细节，犯下的错误会对企业产生长期的影响。

第二步：创造

很多人觉得"创造""创新"这两个词很高级，会想起学校里讲的托马斯·爱迪生和亨利·福特的故事。但我认为，未来最优秀的创新不会出现在产品上，而会更多地出现在商业模式及服务用户方式的改变上。

每个人都是发明家，别胆怯。你的目标是深入了解用户的好恶，为他们创造多层次的动态价值。从现在开始做起，你的创新会吸引更多用户和你合作，而不是和你的竞争对手合作。

> 在很多方面，人们在最初决定自己的好恶时都是很肤浅的。比如，我们会根据一个人的词汇量去判断他是否聪慧，但词汇量并非智慧的象征。我们会根据包装设计判断产品的好坏，但包装的好坏与产品的好坏之间是没有直接联系的。
>
> 一些人可能认为图片比实际质量更重要，但他们错了。每个触点都传达了质量、精细程度以及最终产品和服务的价值观。所以，在这个肤浅的世界里，我们要明智地设计每个组成部分和体验，无论它们看似多么不相干。

第三步：构建用户认知

用户的好恶每天都在变，要研发一套系统和流程去跟踪各个渠道的用户体验，这样才能够持续增加渐进式和颠覆式的用户创新。

以下列出了更深入了解用户、改进用户体验的几个想法。

认知和创新清单

❑ **谷歌快讯**。如果你身处一家小企业，没有足够的社会分析预算，你可以设置谷歌快讯关键词，比如和你的公司名称、行业和竞争情况相关的词语。操作非常简单——谷歌一下就好。快讯可以让你和最新行业咨询保持同步。

- **社会分析。**如果你身处一家大企业，可以采用社会分析来监控关键词主题，它能够帮你了解所在行业、竞争对手以及你的业务最新情况。
- **四处走走。**极少有管理层走出办公室，以用户的视角去体验业务的每个触点。但世界上最好的企业都会定期将最高管理层派到前线，这样他们才能亲眼看到企业的政策执行到用户身上时是什么样子的。这种体验不应该是一生仅此一次，而是要每周一次。从最常见的方式开始吧，“穿着用户的鞋子走一公里”。
- **内部挑战。**为企业员工设立一个挑战赛，鼓励大家提出改进用户体验的方法。（这类似于第 6 章里提到的为用户设立的挑战赛。）在咨询中我用这个方式取得了巨大成功。尽管不必在网络上发起这样的挑战赛，在企业内部局域网或内部社交平台上开展这样的活动是最有效的。内部挑战有奇效，而且成本低，每次都管用。

> 最近我与一家大型连锁医院合作，我们展开了一个“病人最讨厌挑战赛”。比赛发现病人们讨厌在候诊室里同其他病号坐一起，而且一等就是 45 分钟，才能见到大夫。没想到啊，真没想到！
>
> 从来没有人问过病人讨厌什么。这是每个行业的通病。出于某种原因，我们不会问那些受到实际影响的人——我们的用户。了解了用户讨厌什么后，是可以进行弥补的。于是我们制订了一个病人就诊计划，缩短了病人的等待时间，最

终提高了病人的满意度和医院的获利能力。此外，我们还在这家医院成功举办了一场“病人最喜爱挑战赛”，这样我们就能够多多提供令病人满意的服务。

❑ **调研冠军**。最好的企业会雇用“首席倾听官”或者提拔“调研冠军”，他们的主要任务就是及时有效地反馈用户的好恶偏好。每个公司都应该设置一个类似岗位，以向高层领导反馈设计更佳的体验。

巫术和苹果手机盒

最近我做了一个关于购买新款 iPhone 用户的调查，有趣的是，我发现 80% 的用户在买了手机之后，包装盒还会保留至少三个月。苹果公司为这群聪明的用户提供了什么使他们这样做？他们为什么会保留手机包装盒？更重要的是，我们为什么要关注这个问题的答案？

你可以说 iPhone 包装盒只是产品附带的包装，还没看到包装盒的时候你已经决定要买手机了。

但其实，包装盒非常重要，因为苹果公司巨大的成功最终都落到了一个简单的概念上，这个概念同时也是本书的核心观点：苹果公司明白它其实是在做个性化体验业务。苹果零售店的每个触点、苹果的每款产品都非常精致，消费的整个体验过程是流畅的，没有任何中断。苹果公司在每个触点提供的体验都完整得令人无法置信，包括包装盒这样的附带品。

有些人说苹果手机包装盒就像法贝热彩蛋（俄国著名珠宝首饰工匠彼得·卡尔·法贝热制作的蛋形作品）一样精美。令人着迷的不仅仅是包装盒的外观，打开盒子后最大的惊喜不是里面有用的东西，而是没有用的东西：保修卡、印有 9 种语言的使用说明书、交叉营销的材料以及其他没有人会用得上的宣传册。

你不需要使用说明，因为苹果的产品上手就能用，没有错误代码，产品不会出现问题。苹果公司不会做交叉营销，因为它的产品做到了极致，你不由自主地就想买其他苹果产品。这其中的道理就是：所有看似简单偶然的产品都是倾注了大量的调研和想法的。正因如此，连包装盒这样简单的产品都能够产生巨大的吸引力。

创造预接触完美时刻

所有的行业、企业和文化都是独一无二的。你的预接触计划需要根据自己企业的特性进行定制。当定制预接触时刻这样一个简单的概念应用到网络和线下渠道时，就能够为企业的成功带来巨大的助力。

把这个过程固定下来，设置成企业的一个行为构成，你的企业就能够成为行业里用户满意度和忠诚度最高的企业。

——秘诀——

预触点的最大问题在于用户接触是在网络上进行的。用户会通过社交网络调查你，在谷歌和优兔搜索你的企业、你的产品和服务的相关信息。而这一切在发生的时候你都不知道，所以很难去干预。

为潜在用户带来最好预接触体验的方式就是在用户购买你的产品之前，为他们提供免费且有价值的资源。让用户爱上你，然后他们就会自己主动来找你了。

还要记得，如果其他触点上你没有提供极致的体验，用户们搜索到的评价就将是负面的。用户在网上检索到负面信息，决定不再在这家公司消费，因为这个原因给公司带来的损失高达数十亿美元。正如我前面所讲，总会有不理性的用户无缘无故地讨厌你，但社交网络上绝大部分的负面评价都有一定的道理。如果公司能够花费时间和精力构建一个完整的用户体验计划，上面这些问题早就已经解决了。

每个月都有成百上千甚至上万的用户在网上搜索像你这样的公司，如果搜到的信息都是负面的，他们便不会再和你交易。一定要避免这样的事情发生在自己身上。

第 8 章　首触点时刻

快速密集的微体验

大部分人都知道良好的第一印象的重要性，而且都知道如何留下良好的第一印象。但大部分企业不擅长这个，它们不知道首触点是非常重要的。首触点是与用户建立后续联系的最佳时机，如果在这个触点上没有处理好，造成的伤害修复起来不仅非常困难而且非常昂贵。正因如此，从最开始就要做好。

2

首接触

用户通过网络和线下渠道接触你和你的品牌的时刻就是首触点，这时他们已经进行了网络检索调查，开始和你接触，但还没有开始消费。他们可能会与你的客服代表交流，或是走进你的商店闻一闻你店里的气味。如果他们是以网络形式和你接触，那么他们可能正在填写你的网站上的联系表单，浏览你的博客或是准备拨打网站上你预留的电话号码。

有一次我联系了一个供应商，第一次打过去时电话铃响了很久也没人接，第二次打过去接电话的是一个听上去很不耐烦的客服。不用想也知道，我再也不会和这家供应商合作了。

永远不要忽略你的首触点。

设想一个场景，你第一次走进一个牙医办公室，你打算长期在医生这里看牙。刚走进去，你就听到了后面钻牙和呻吟的声音；你走到前台接待处，接待员正在和病人争论一笔未付的账单。看牙令人不安，但糟糕的首触点会让这种不安增加两倍。治疗室和接待区之间的墙应该是隔音的；接待员可以带用户去一个比较私密的区域说明付款的事情；或者干脆说话声音小一些、温柔一些。一般来说，接待员要保持友好和热情的态度，确保你在等候看病的时候感觉舒舒服服。等待区可以播放舒缓的音乐，放一个水族箱，这些可以帮助病人缓解焦虑感。

企业主们没有意识到，用户在和你产生接触时，他们会受到各种感官体验的冲击。这些快速密集的微体验就共同构成了首接触。首触点有很多动态的构成部分，而这些部分需要保持一致。用户越接近核心价值点，比如一个无痛无感的看牙过程，这些微体验就越重要。要记住，你的使命宣言就是你的核心价值阐述。用户越接近你提供的核心触点体验（参考第 9 章），这些微体验就越要和你的使命宣言保持一致。每一步都至关重要。即便预接触时刻已经积累了一定数量的用户信任，如果首接触体验不好，一切就前功尽弃了。

杰出的企业设计在首触点的多层和动态体验时，判断都非常准确。Dutch Bros. 是一家超赞的免下车咖啡店，它在和用户沟通方面非常在行，所以在众多免下车咖啡店中脱颖而出。它会培训员工如何问候用户：问用户的一天过得怎么样，接着展开一次真诚的对话。它要做的不仅仅是提供价格合理的美味咖啡，还是创造一次积极的体验。我最近去当地的一家 Dutch Bros. 用餐，我已经有一个多月没去过了，但店员依然记得我的名字，还记得我们上次谈话的内容。（而我已经记不清上次在这里吃的是什么早餐了。）我每去一次店里，对它的感觉就会更好一些。

大脑和首接触时刻

人脑可以在意识和潜意识状态下工作。我们进化形成了非常强大，有时甚至是永久性的对人、品牌以及商业的观点和看法，而且这些观点和看法在形成过程中我们浑然不觉。

在线下渠道的首接触时刻，用户的大脑迅速吸收接触时产生的气味、声音、味道以及画面，问问你自己“我的店面看起来有爱吗？它的感官细节是否充实丰富？”网络式首接触，用户们会衡量你网站的设计、颜色甚至是播放的音乐。问问你自己“我的网站看起来是否讨喜？用户寻找目标信息是否方便快捷？”

首触点可以是细微的也可以是明显的。比如，我的一个女儿有个男朋友，我非常不喜欢，不知道为什么。表面上他看起来和其他人没什么两样，但我对他就是喜欢不起来。但我的另外一个女儿的男朋友几乎就像是家人一样，我们都非常喜欢他。也许两个男生都释放出了非常细微的信息，而这产生了巨大的影响。首触点释放的信息是会不知不觉地在用户的脑海中积累起来的。所以，要非常细心地检查你的首触点。

差劲的首触点也会非常明显。离我住处不远有个餐厅，餐厅的食物非常美味，而且服务也很棒。但餐厅的温度实在是太低了，尽管喜欢那里的菜品，但是我们还是很少去，因为坐在那样低温的环境里实在太难受了。永远不要低估首触点对于用户体验的终生影响。

你有没有相过亲？如果有，那你肯定对相亲非常失望，因为我们设想的浪漫体验基本不可能实现。用户体验也是如此：其中体现了用户所希望的和用户所得到的之间的差距。如果体验低于用户预期，那么公司肯定完蛋；当然如果体验高于用户预期，公司必胜无疑。

线下首接触

首触点体验会像机关枪一样不断给用户带来冲击。开进汽车道时，你的停车场、你的建筑外表是否干净整洁，用户都会形成自己的判断。走向门口的时候，用户会判断在这里停车是否方便。走进店里，他们会评估店里的气味、声音、温度以及其他各种极其细微的、没那么明显的数据点。所有这些感官输入，都会促使用户形成至关重要的第一印象。这就是首接触体验。

假设你有一家快餐店。用户越是想买你的汉堡吃，店里的气味、声音和装修的重要性就越大。与员工的接触是整个体验的顶峰。用户进来的时候，员工是否微笑迎接？员工是否衣着整洁？柜台是否干净？店员是否有正确下单？店员们对工作是否满意？

设计首触点的时候，要记得净用户价值层（见第 3 章）的概念。你的线下首触点一定要在竞争激烈的市场中脱颖而出。

要更个人化：在调查快餐店时，我发现大部分最受欢迎的店都非常个人化。去像进和出汉堡店这样的店，当你驶入汽车道靠近柜台的时候，迎接你的是店员真诚的微笑，以及“您今天过得怎样”的问候。这就将双方的交易关系转换成了个人关系。你的神经元继续运作，柜台后非常专业的服务员也在悄悄地感染着你。

杰出的企业非常善于运用首触点，你甚至在不知情的情况下就意识到了员工向你传递的信号。你知道的只是员工非常友好，会直视着你的眼睛，和你产生了某种联系。在设计完美用户之旅时，要记住个人联系是一次完美旅途的最佳起跳板。

起跳失败：卓越的线下首接触时刻的反面就是糟糕的首接触时刻。比如，你是否在机场检票台遇到过态度很差的检票员，因此破坏了一天的好心情？

很多企业都脱离了自己的用户以及直接面对用户的员工，而这些企业对于自己为何节节败退却毫无头绪。很多企业的用户接触最多只是达到用户的基本预期，还有更多（也许是大部分）企业则远未达到用户的预期，而这种情况中的很大一部分源于糟糕的首触点。

如果首触点搞砸了，要想让用户回头既艰难又昂贵。更糟糕的是，用户还会分享自己的体验，这会毁掉你的名声，你的业务会慢慢衰退。这听起来有点太夸张了吗？不，一点儿也不。这种情况我见过上百次，一定要防患于未然。

线上首接触

我最近给女儿买了一个食物料理机。当然，我的预接触就是在亚马逊先研究一下。我发现有一个品牌的评价比其他品牌都高，我看了用户评论内容和数量，因为评论的数量越多，评价就越准确。这就是预接触，亚马逊做得很到位。

首接触是我决定要买产品的那一瞬间，注意，这个时候还没单击鼠标下单（核心触点）。首触点上，亚马逊给我推荐了各种相关产品。根据我的浏览记录，亚马逊显示了其他食物料理机作为备选——有便宜的，有更高级的，也有最新版的。根据其他购买同款产品用户的购买选项，亚马逊还提供免费运送服务和配件（如储物盖和备用刀片）选项。所有选项都是相关的，网站没有向我推荐女款鞋子或者汽车部件，它清楚地知道我想要什么东西，并根据寻找同样产品用户的购买记录为我推荐了高度相关的产品信息。

最近我决定重新开始打高尔夫球。（可能我还需要再做一件自己不擅长的事情。）早期的痛苦经验告诉我，如果球杆离球向左或者向右稍微偏离了那么几毫米，你的击球就会不准。失之毫厘，谬以千里，因为球杆接触高尔夫球的瞬间，球的轨迹就固定下来了。

首触点和打高尔夫球时固定下来的轨迹非常相似。只要有一点点的误差，用户关系的整个方向就会改变——要么我们获得了一个终身用户，要么就是一星差评。

货物售出，概不退换：慎之又慎

一个电子零售商在入口处安排了保安执勤，尽管这样做有助于防止偷窃，但却不是迎接用户的最佳办法，是个错用首触点的例子，耽误了创造极致首接触用户体验的机会。我相信每个人都和我一样希望被爱护、被信任。

另一个极端是苹果商店，它的零售店的首触点体验完全不一样。进门迎接你的不是保安，而是亲切友好的“苹果传道士”，他们不仅了解苹果的产品，而且非常热爱这些产品。他们会巧妙地了解你喜欢什么、讨厌什么，然后据此展开一段妥善完美的体验。苹果公司知道用户希望自己被信任，希望自己的体验不仅仅是符合自身需求的，而且是极致的。

正如在极简包装设计上花费了大量心思，苹果公司也非常细心地设计了它的首触点体验。苹果的零售店环境是开放的、友好的，而且对于绝大多数用户来说，也是非常吸引人的。

苹果的起家始于个人电脑的删繁就简。公司设计 Macintosh 时使用了非常可爱的图标，让操作更加简单易懂。

苹果零售店之所以如此受欢迎也是同样的原因：环境设计表达简洁，个性化体验感受美好。

秘诀在于：尽管我们需要在每个触点上都提供极致且完整的体验，但首触点是那个涡轮增压器。好消息是很多企业，有些甚至是你的竞争对手，设计的首触点体验非常混乱，它们在设计首接触体验时所花费的精力与设计其他触点体验一样有限。所以，只要你能够在这个触点上设计出真正的极致体验，就能取得竞争优势。

下面有几个首触点体验的例子，思考它们是如何影响用户的。记住，在这个触点上用户们已经完成了网上检索调查，他们打算购买公司的产品和服务。如果你是这些用户，你会怎么办：

- 走进新牙医的办公室，你看到了什么？
- 第一次走进餐厅，你闻到了什么，看到了什么？
- 走近酒店前台时，你收到的是怎样的问候？
- 在主讲嘉宾发言时，你最先听到的几个词是什么？
- 在登机的时候，乘务员是如何迎接问候你的？

现在，以企业的角度去看待这些触点：

- 访客进入你的网站时，看到了什么？

- 网站上提供的免费价值的质量如何，是否有用？
- 从你的网站信息中获取标的信息是否方便？
- 网站上展示的图片是否准确传达了产品或服务的质量和价值？

所有这些首触点都非常具有影响力，它们可以传达一个有价值、高品质并且非凡的故事。但很多企业的首触点体验都没有经过妥善设计，要么是不完整的，要么是有缺陷的。

做好首触点体验能够带来巨大的收获，但很少有企业关注到这一点。所以，大部分首触点都缺乏设计感和想象力，因此用户也体验不到什么亮点。只要足够重视你的首接触时刻，就能够打败你的竞争对手。

有个同事建议我去联系一个他经常合作商务拓展活动的公司。商务拓展是每家公司活动中都非常重要的一部分，选择合作伙伴的时候一定要谨慎。但这家公司是我朋友推荐的，所以它避开了我对一家公司技能组合和专业性的审视。

我决定打个电话。一个自动接待员接了电话，给了我十几个乱七八糟的选项，最后我搞不清楚就按了“0”键，给语音信箱留言。4 天过去了，公司还没有给我回电。我又打了个电话，发现自己仍然搞不清楚怎么操作。但这次不知怎么搞的，我给公司 CEO 的语音信箱留了一条消息，说明了之前打过电话但未收到回电的情况。

一周过去了，这家公司没有任何回复。我现在对这家公司已经失去了兴趣，说什么我也不会再和它有任何业务往来了。它有两次机会可以联系到我，却都没有把握。

这个故事的道理就是糟糕的首触点会永久性地毁掉你的生意，一定要非常重视这些网络和线下的首接触时刻。

为所有用户设计首触点

有些公司的用户类型非常有限。比如我最近服务过的制造卡车的福莱纳集团，它的经销商所服务的用户类型都非常类似：卡车司机。尽管并非完全一样，但卡车司机有很多共同点，经销商在为这样一群人设计对口并且极致的用户体验时就比较简单。

相反，面向宏观市场的企业则需要花费大量的精力来识别自己的用户类型，以确保能够为他们提供极致的个性化体验。比如亚马逊，就有着各种各样的用户类型。亚马逊公司了解人们共同的关注点，所以它的界面非常便捷。之后，亚马逊会根据不同的购买者类型提供服务——比如价格敏感型、事务型、分析型和那些更注重高品质的类型。这样，它就满足了每种消费群体的需求。它还提供用户评论、比较价格点和大量的图片信息。

你的用户类型影响你处理首触点的方式。为了让每种用户类型都能在首触点得到极致的体验，这里又要回到不同的用户类型。对于福莱纳公司来说，这非常简单。但对于像亚马逊这样有很多种用户类型的公司来说，则要做大量的准备工作和具有创造力。无论你的用户类型是什么，首触点都是获胜概率的最大所在，也是失败概率的最大所在。

追求卓越的道路不能浪费

不久前，我开始为一家数十亿规模的用户服务，这家公司每年在用户调研上要花费 1 700 万美元，从各种你能想到的大数据源头获取数据。这家公司之所以愿意花大价钱购买这些信息，是因为它想当然地认为这样可以驱动最好的用户创新。

对这些数据进行了为期一周的审查之后，我发现了一件令人震惊的事情，这么多数据中一条能够用于改进用户价值的实践性创新也找不到！天呐！

不幸的是，这不是个案。我相信现在有很多企业花钱进行用户调研，却没有能将结果付诸实践的体系或方法。尤其是当我在做用户调研数据审查时，发现有上千页的图片和表格。这里面有些信息的确有用，但在大部分情况下都是没用的。而且即便信息有用，公司也无法对这些信息加以利用。人力部门不知道这个情况，或者懒得学习如何利用这些信息，让其为用户和市场带来价值。在我看来，企业要想真正地了解各个触点，就要走进用户，寻找他们最关心的是什么。锁定了用户的所在、掌握了他们的好恶，就可以设计出亮眼的用户体验，扣人心弦，像忍者一样牢牢地抓住他们。

如何创造完美的首接触时刻

对用户的准确洞察是成功创新的关键。要想在用户体验旅程中构建好的用户价值，就要找出用户喜欢什么，讨厌什么。下面有几个简单的问题在塑造首触点时会产生巨大的影响。作为你自己：

- 我是否找出了不同用户类型首触点的各个构成部分？
- 我是否设置了网络和线下的情报岗去采集各种信息，创造更好的体验？
- 我是否在每周 / 每月召开头脑风暴会议，邀请面对用户的一线工作人员分享如何改进首触点的想法？
- 我是否构建了促进和奖励机制，鼓励大家提出改进各个触点上用户体验的建议？
- 我是否使用社交分析工具或者其他网络分析工具来获取用户类型对公司产品和服务的好恶反馈？
- 我是否建立了供应商和用户创新组，帮助提出更加贴合的服务用户的想法？

深度挖掘：更细致

我的目标是为你提供一种适用各种规模企业的、可以操作的、易于理解的线路图。因此，我将各种各样的用户触点分成了 5 个时刻。当你构建完美用户体验越来越娴熟时，你会想知道得更加细致。

比如，如果你在洛杉矶经营一家卖墨西哥卷的小铺子，你可能需要先看看自己的招牌是不是够显眼，方便路过的用户找到你；接着，你可能要看看用户在这里停车是否安全方便；然后，你可能要看看用户路过的时候是怎么想的，你的铺子是否干净？你的墨西哥卷是否好吃？店员的态度是否热情友好？墨西哥卷飘出窗外的气味是否诱人？所有这些都是首触点的组成部分。

接下来，把上面这些问题拆解成更细小的颗粒才能实现整体的完美。提醒一句：也别拆分得太细致了，这不是写博士论文，只要确定没有忽略触点拆解过程中的任何一个环节就好。喜欢和讨厌是相对的，有程度上的不同。有些人不介意排队，有些人则厌恶排队；有些人为了吃到好吃的墨西哥卷可以拼命，有些人则无所谓。要搞清楚程度的不同，弄明白你究竟需要细分到何种程度。如果一个快餐店要求柜员记录不同年龄段、不同民族和不同发色的用户的数量，这就过于细分了。因为最终你积累的数据应该导向更好的用户体验创新，而非增加复杂性和惯性。在设计用户体验时，要确保整个体验过程完整且符合用户类型和你的企业文化。

在大数据时代，人们认为多就是好。我服务过一个用户，真的设置了一个作战室供团队检验公司的用户数据库，但数据库里有一些根本就是错误而且不相关的细小数据点，细致到不可思议的程度。公司之所以没有被竞争对手超越只是因为它的产品和服务更好。所以，要先了解你需要什么样的数据，然后再去收集数据。判断细分程度是否合理的最佳方式就是看最后提供的用户和商业价值，是否大于收集和评估数据所需的资源。

秘诀

两个因素决定了你设计的首接触时刻是否成功、是否完美：

1. 体验必须是完整的。无论是线上还是线下渠道，五种触点上的体验都要是卓越的，而且每种用户类型都要如此。大部分企业都只擅长其中一点，所以最终败下阵来。

2. 体验必须是定制设计的。要符合你的用户类型以及企业文化。

一定要确保首接触时刻的完美，后期才不至于花费大量的时间和金钱来弥补漏洞。如果一开始就让用户不舒服了，那么很可能你永远也无法再让他们回头。即使你做到了让用户回头，也要付出巨额的代价和承受巨大的痛苦。

第 9 章　核心触点时刻

5 个步骤把不满意用户变成终身用户

核心触点时刻是指用户使用你的产品、品牌或者服务的时点。到了核心触点，说明用户已经经过了预接触和首接触时刻的初步接触的调研阶段。

我的研究显示，绝大部分企业都只关注核心触点，而核心触点的体验也并未做到极致。它们在这个触点上的表现并不连贯，最终的结果就是不可靠、善变而且碎片化的用户体验。在过去，即使提供的用户体验很一般，企业也能够成功；但在今天，企业则必败无疑。

企业注重核心触点却常常无法持续提供优秀的核心触点体验。提供持续且优秀的核心触点体验以及确保它与其他触点体验是和谐一致的，这一点非常重要。

核心触点体验其实是一系列的内触点。假设你在网上检索之后决定去一家新的餐厅吃饭，进门之后服务员亲切地引导你，为你安排了一个临水的可爱的桌位。坐下之后，服务员上前打招呼，还有人为你倒水，酒侍为你推荐酒单。这一切都很顺利，但你去了洗手间，发现里面非常脏。你会不自觉地想，这家餐厅是不是还存在其他卫生问题。结果这顿饭你再也吃不下去了。只要有一个糟糕的触点，再好的用户体验过程也毁于一旦了。

自我分析：和我做生意是什么感觉

作为一个管理顾问，我意外地发现很多企业都没有问过这个问题："和我做生意是什么感觉？"在和企业管理层复盘时，我发现他们不愿意问这个问题的原因其实是他们对于自己的体验和服务也不满意。在构建核心触点体验时，一定要和你的团队坐下来互相发问："和自己做生意是什么感觉？"要诚实，了解外界的反馈，最重要的是，要根据该过程中收集到的信息得出的结论，制订操作方案。

企业转型意味着进入一个新的企业生命周期。起初，企业关注市场，关注用户，慢慢地，企业越来越成功，开始越来越内视，将较多的注意力放在自身的业务运营上。也就是说，企业把更多的时间花在内部经营上，而不是如何服务好外部的用户上。在某种程度上，这样有一定的好处。比如你有一家三明治商店，制作的三明治称得上是全球美味，生意越来越忙。这时，你关注的就不仅仅是制作这些美味的三明治了，还要想办法增加客流量，解决客人的停车问题，雇用更多员工并建立人力资源架构等等。

于是，很多企业开始转型，不再以用户为中心，而是以运营为中心，开始变得内视。这就像是一只缩进壳里的乌龟。企业不再向外看，开始关注自身内部事务，如员工管理、规章制度、运输以及供应链。的确，这些都是服务企业的重要功能，但它们对于增加用户价值来说，不会起到任何直接作用。这是一个自然的循环，但是一定要警惕这样的循环，因为它会导致企业阻塞所有与用户联系的倾听和信息渠道。在当今社会中，这样的行为无异于自寻死路。以用户为中心的企业文化非常重要，它能够在整个用户旅程中提供极致的体验。

利润和自保

在企业变得越来越内视的过程中常常会掉进一个陷阱，就是它们开始按照“利润和自保”的目标来设定业务和核心触点体验的模型。企业越来越注重如何获取更多利润，而非如何设计更极致的用户体验。与用户的互动自然变得越来越差劲，而企业这时还意识不到这是自己过于内视的结果，反而迅速建立起用户惩罚措施，以保护自己不受其用户的影响。

向 100 个工作超过 10 年的零售商或者前线业务员提问，大概每个人都经历过大大小小的各种诉讼，其中没有一件不给人带来精神上的打击。被起诉的经历会给人带来精神上的创伤，最自然的反应就是保护自己。但企业常常会进入过分保护模式。

仍然以虚构的 NeoWash Aoto Spa 洗车行为例。在洗车的时候，雨刷掉了，洗车行的惩罚性用户措施规定了用户要签一份雨刷授权协议书。但是想想，用户都非常忙，签订这样一份协议需要时间。关键是，这会让接下来的服务体验大打折扣。或者，洗车行的店主可以将坏掉的雨刷算作企业的业务成本，在年预算中加入替换雨刷这一项开销。接着培训员工如何在这样的情况下表示歉意，并迅速主动地为用户免费更换雨刷。以用户为中心是使企业立于不败之地的法宝。

不幸的是，新的企业利润规定只会让企业更加迅速地从以用户为中心转变为以企业利润为中心。惩罚性用户规定和企业利润规定两者结合会形成一种轻视用户的有毒的文化。

> 你也许已经发现，在过去的几年中，大型的零售商都简化了退货政策。最初，只是几家零售商简化了退货流程；接着为了保持竞争，其他零售商也不得不照做。而那些坚持采用惩罚性退货政策的竞争对手发现自己已经无法在如今用户驱动的经济中生存了。他们正在制订惩罚用户的政策以保护自己的利润。

若为难你的用户，用户也会为难你

对于企业来说，用户体验失败的最大原因就是没完没了的规则恪守以及风险管理。一方面，这是可以理解的，因为企业为了保护自己，有权去完善这样的系统。但如果没完没了、时时刻刻地盯在这上面，那就错了。赛车手有这样一个说法：“永远不要看墙”，因为如果看了，就一定会撞上。

企业如果内视，就会忽视用户的需求。如果规章和条例管理都非常严格，那么就没有医疗企业的什么生存空间了。正因为大量的制度和流程都对用户采取了惩罚性措施，医疗企业组织才得以生存下来。用户是不需要管理的，企业最大的风险不是诉讼案件，而是不再吸引用户，要保持对风险的敏感度。

> 规章遵从和风险管理已经不是传递差劲的用户体验的借口了。

金融银行业这样高度管制的行业设置了很多体系和方法，以防止自己过界，给用户带来不便。查看你所在行业的制度，在许可范围内寻找服务用户的方法。如果不这样做，用户就会不满，会抛弃你，还会让其他人也知道在你这里的体验有多糟糕，而与此同时，颠覆性创新者却创造出了足以取代你的更加极致的体验。

也就是说，如果你为难用户，用户也会为难你。他们不仅会抛弃你，转而投向竞争对手的怀抱，还会在网上发布关于你的负面评价。难道这是说企业不需要再遵循规章制度、采用正常程序来管理风险了吗？当然不是！但你一定要抛弃那种短视的、以企业为中心的观点，真正与用户建立联系。

企业最大的风险不是经营风险，而是因为破坏了用户关系而导致的破产。

然而，对于风险管理的高度关注实在太常见了。这是个恶性循环，常见但是致命。要想在如今的市场中取得成功，必须有一个以用户为中心的业务模式，而不是以企业为中心的。企业要时刻警惕，避免落入以自我为中心的业务模式，避开这个恶性循环。一旦用户被降到第二位，企业文化就遭到了破坏，企业就像已出发的货运列车一样，很难再回头。更重要的是，社交网络、公共点评系统和整个网络都不会轻易忘记或者原谅你的糟糕行为。

我有个朋友是我认识的最有趣的人之一，他一直梦想开一家有机果蔬商店，退休之后就真的开了一家这样的店，而且非常成功，业务迅速扩大。

有一天，一个穿着高跟鞋的女顾客踩到了一颗掉在地上的葡萄，滑倒了，一屁股摔在地上。接下来她做了每个美国人都会做的事情——起诉商店。从那时起，这个朋友就进入了“葡萄管理模式”，他在店里张贴告示，规定不穿胶底鞋不得进入葡萄区，而且穿高跟鞋者不得进入商店。这些规定已经影响了商店的业务量，顾客们也很讨厌这些新规定，渐渐地，人们不再来了。

这些还不算什么，这件事情击垮了朋友的精神。他一开始认为顾客是一群和自己一样热爱有机食品的人，现在他觉得他们都是来打官司的。为了掩盖这种恐惧，他反应过度了，而在此过程中，他建立的制度和规范也使他和自己的业务、用户越来越疏远。

企业一定要抑制的一种欲望就是，为了避免 1% 的用户造成的问题，就建立一种惩罚所有用户的制度。企业常常采取这样的惩罚性措施，使自己与用户越来越疏远。最近还有一些企业开始起诉网络上发布差评的用户，它们显然还没有意识到在高度连接、极其注重用户的现代社会经济中，没有用户喜欢自己才是唯一的、最大的风险承担者。

责任制 VS. 用户友好型制度：许多企业都认为用户友好型商业实践和规章制度管理无法兼顾，但正是这种荒唐而且懒惰的看法导致了企业和用户的对立局面。毕竟“从恶如崩”。

与此不同，成功的企业知道遵循规章制度是有必要的，但是它们会使用创新和创造力使得用户体验和风险管理同时进行。尝试新的想法需要时间、精力和意志，但最终业务会变得以用户为中心，从而取得成功。接下来，我将讲述如何兼顾规章制度和用户体验。

> 风险管理和极致用户体验无法兼顾，这样的看法能够广为流传实在是个谜。

在核心触点内部培育信任

零售业中最大的问题之一就是盗窃，也叫减损。很多年来，企业采取了各种各样的技术和方法来控制减损。

根据全美商店盗窃预防协会的数据，如今美国有2 700多万名商店扒手，也就是说每11个美国人当中就有一个是扒手。

北加利福尼亚一个杂货连锁店的店主为了防止这样的盗窃出现，采取了一个独特的办法。他们明白要想将业务做得好、做得持久，就要保持与用户的信任感。和沃尔玛一样，这个连锁店也在门口安排了工作人员迎接用户，工作人员还给每个前来的用户发放购物车。来购物的人根本想不到这个迎宾员其实就是保安，但是呈现方式不一样，核心触点体验就好多了，也完全看不出来商店不信任用户。

通过采用创造性手法，我们可以很好地解决业务问题，同时还显示出对用户的尊重，给他们带来极致的体验。

惩罚性制度会扼杀业务

我为一家度假村管理公司提供咨询服务，公司的管理人员说他们管理加利福尼亚州最好的酒店，但是近期酒店的预订量却明显下降。

在分析过他们的线上预订和电话营销流程后，我们发现问题其实非常简单：公司把取消政策从需要提前24小时通知改成了需要提前72小时通知。用户经常会想去不同的地方旅行，所以经常会出现因行程临时改变，而取消酒店预订的情况。而公司新的取消政策却迫使用户尽早做出决定，因而导致了一部分用户流失。

这个政策对于企业管理人员来说没有任何问题，因为它规避了临时取消预订的情况。但这样的政策虽然保护了酒店自己，却惩罚了用户，结果就是用户不再预订酒店的房间，惩罚了酒店。如今用户有巨大的权力，也有很多更好的选择。

我给公司计算了获取新用户的成本和保留老用户的成本，管理人员马上明白了，新的取消政策带来的所有好处都被获取新用户的成本抵消了。而且，又会有多少新用户看到了网络上的负面评价之后，会选择避开它们呢?

类似的惩罚政策就是一种缺乏创新的表现，因为基本上所有这样的政策都能够改进为双赢的政策。大部分企业都有一堆惩罚性措施，自己却从未意识到这一点。你的公司呢?现代经济由消费者驱动，他们有各种各样的选择，能够迅速从中选出最优的那个。认真评估一下，看看你自己是否也在不知不觉中破坏了用户极致的核心触点体验。

不准穿短袖，不准穿鞋，不提供服务 = 破产

五步把不满意用户变成终身用户

无论是什么业务，都会有部分用户不满意。那么要做些什么才能够减轻或者消除摩擦呢?我在过去 30 年中，总结出了一套

可以把不满意用户变成终身用户的非常简单的方案。记住，在互联经济中，放走一个不满意用户是相当不明智的。数据显示，不满意用户比满意用户更愿意在社交网络上分享自己的经历，而负面消息的影响将会是灾难性的。Yelp 评分从 5 星掉到 4 星，就会降低 10%~20% 的销售量。而如何把不满意用户变成终身用户，我这里有个操作简单的方法。

第一步：认错

大部分企业和不满意用户沟通时都会引用规章和流程，但这其实是“死亡之吻”。设立流程和制度没问题，但是如果从这里着手，你就没救了。我建议应先向用户表示倾听和抚慰的意愿，比如以这样的方式开始对话：“强森太太，我非常理解您不满的原因，非常抱歉给您带来了不便。酒店记录显示您预订的的确是一间湖景房，您放心，我们一定会处理好这件事。”

第二步：倾听

有时候最艰难的事情就是闭上嘴巴。面对问题，人们的本能是争辩，但我发现，不满的用户需要发泄自己的情绪，需要表达自己的不满。所以如果他们要倾诉，静静地聆听就好了。如果认真去听，你就能发现让用户满意的方法。

第三步：确认

了解用户不满的原因很重要，还要让用户知道你理解他们不满的原因。在这一点上，你需要确定你明白用户的需求。“强森太太，您本来是想要一间湖景房，并希望酒店能够给予补偿。是这样的，对吗？”

第四步：弥补

你已经知道用户不满的原因，也已经再次确认了这个原因，这个时候就应该根据前面听到的信息提供解决方案了。在第一步中，你承认酒店预订部门犯了错误，并为此向用户道歉。但用户仍然希望你能够显示出解决问题的决心。

在这个时候，你可以这样说：“强森太太，我已经安排了前台员工把您加入优先名单，对于湖景房的预订，我们会优先通知您。同时，在您住宿期间，酒店将承担您所有自助早餐的费用，以表歉意。”在倾听阶段，你很有可能已经想好了让用户满意的处理方法。（不幸的是，很多企业没有给员工足够的权限。从盈利和用户维系角度，这是个巨大的错误。）

第五步：回访

你也许觉得到了第四步，问题已经解决了。但其实还需要在事情处理完 1~2 周之后，再进行一次用户回访。“强森太太，关于上次酒店给您订错房间的事情，我们想做一次回访。后来给您安排的新房间和自助早餐服务，您还满意吗？”这其实是一个质检的机会，确保你提供的服务的确让用户满意。同时，从用户的角度来说，这表明服务人员和企业的确将用户需求放在第一位。

整合

这是个线性的过程，包含 5 个步骤，其中考虑了情绪疏导的精神动力学，取得双方都可以接受的结果。如果在个人的人际关系处理过程中也采用这个方法，会怎么样呢？我已婚 25 年，也会偶尔与另一半拌嘴，但这个方式屡试不爽。

首先，我会说："米歇尔，在继续说下去之前，我想告诉你，我爱你，也很珍惜我们的关系，我愿意做任何事情来弥补过错。"

然后，我会认真聆听，不再说话。我常常会发现自己在不知不觉中做了一些很伤人的事情，但因为我愿意倾听，所以常常可以从这些谈话中不断改进和学习。

之后，我会和太太确认我从谈话中得出的道理，确保自己没理解错意思。

接着，我会告诉她让她伤心并非我的本意，表示自己以后一定会更加注意自己的行为。最重要的是，我说这些话的时候是很真诚的，因为我爱我的太太，希望她能够一直开心幸福。

伟大的企业热爱它们的用户，也真诚希望用户能够开心满意。在用户冲突事件中，如果用这种方式来处理，效果会很棒！

乔氏超市：极致核心触点体验

乔氏超市是个非常别致的杂货连锁店，初创于美国西部，现在业务已经扩展到了全美。它的核心触点体验非常理想，是真正理解用户企业的完美榜样。乔氏超市里的店员训练有素，用户非常喜欢在这里购物，而且它没有一条惩罚性的制度。乔氏超市是一家真正以用户为中心的企业，它设计的用户体验，无论是网络上的还是线下实体的，都能够满足各种类型用户的需求。它的触点体验做到了极致，这里我们将着重学习它的核心触点体验。

产品

为了提供极致的用户体验，首先必须要提供极致的产品和服务——这还用说吗？然而很多企业提供的产品和服务都很一般，当然了，结果当然会令用户很失望。

大部分超市都在售卖各种不同品牌的罐头玉米，但乔氏超市的罐头玉米只有少数几种，这种做法其实很聪明，因为它知道，只要你提供的商品是最优的，就不用再提供其他选择。正如 In–N–Out 汉堡教会人们的，少量的选择可以减少用户下单时的迷惑和选择压力。

乔氏超市的核心触点体验就是以减少选项作为开始的，但留下的选项都是最好的。这就缩小了各种质量水平的可选择的范围，乔氏超市就能够大大减小店面的占地面积，最终不仅降低了运营成本，还提高了用户的购物效率。

乔氏超市还出售自营品牌的特殊标志产品，这些产品通常是在别的地方买不到的，有时候则是某个季节或者节日特供的。比如秋天时可以在这里买到各种南瓜制造的产品。这些产品新鲜又别致，而且产品的市场调研做得非常完善，市面上甚至出现了很多专门的乔氏超市食谱，教授如何用乔氏超市里的各种原料制作价格实惠而且健康美味的食品。

最优性价比

乔氏超市没有因为自己的产品优质就要高价，也没有像低价零售商一样售卖低质低价的产品，更没有要求用户自己打包商品。它信奉以普通质量产品的价格也能够提供极致的产品，而它的业务模式也证明了它的确可以做到。任何零售商都能够提供低价的劣质产品，但乔氏超市知道只要肯花时间和精力，也能够以合理的价格售卖精致的产品。

尽管不清楚乔氏超市产品成本的具体细节，我觉得如果它只卖一个品质最好的品牌的玉米，而不是卖几个品牌，肯定能够显著提升用户的购买力。这样还能够顺带节省成本，从而为用户提供更加质优价廉的产品。

> 在讲乔氏超市的时候，“用户”这个词是泛指，我相信它的用户会认为自己是乔氏超市的超级粉丝。优质的产品搭配合理的价格可以对用户产生巨大的吸引力，这对于核心触点体验来说非常关键。

乐趣

如前所述，人类是多感官生物。体验过程中的每一分钟，我们都在接收成千上万的数据点，并从中产生我们对于体验的看法。

乔氏超市创造了首个让购物成为真正意义上“乐趣”的环境！大部分企业都不敢用“乐趣”这个词，这其实非常可悲，因为人们喜欢寻找乐趣。很多用户将购物视为一件苦差事，但在乔氏超市购物绝非如此。

乔氏超市的员工乐于夸耀自己的夏威夷衬衫，各地的店里常常设有展示当地风情的壁画。它的产品都摆在非常显眼的位置，这让我想起了老式的水果摊。这里每天都免费提供搭配好的美味的食品小样，还可以尝到最近新磨的咖啡。

> 乔氏超市能受到各种类型用户的欢迎，是因为它不仅有优质的食品，也有优质的环境。这是真正的极致核心触点体验。
>
> 用全球知名励志演说家博恩·崔西的话说就是：“人人都爱专业的人”。也就是说，当你全心全意地为用户和市场提供独一无二的价值的时候，你就战无不胜了。乔氏超市不卖漂白剂、硬件产品或者拖把，它只卖美味又健康的食物。它的店铺不大，但是逛起来非常方便，而且在这里购物非常开心。正因如此，它才吸引了各种用户类型的粉丝。

提供极致核心触点体验服务的员工

乔氏超市对待员工就像对待皇室一般，所以才能够吸引最好的人才，创造有趣且多样化的环境。员工是否热爱工作是可以用肉眼判断出来的。

显而易见的是，当员工讨厌自己的工作时，也会讨厌自己的用户；当员工热爱自己的公司和工作时，就会提供更加优质的个性化体验。

底线

乔氏超市不会长篇大论地讲自己的商业策略，但其实很容易就能够看出来，它的核心触点体验非常别致。它关心自己的员工、自己的社群，当然也关心自己的用户。

但知易行难，这也是很多企业未能坚持做到极致的原因。我相信乔氏超市一定是真心想做得最好，而这就是关键。它的成功源自它的承诺。也许其他企业照搬乔氏超市的模式也能成功地获得巨大利润，但是目前为止我还没有见过一家做到了。乔氏超市的目标是更好地服务店铺所在的社区，包括如何更好地可持续发展、改善对待员工的方式以及和用户沟通的方式。它的运营都是围绕做好业务的核心思想展开的，这也是所有一流企业的核心。在我们当地的乔氏超市，管理人员会让员工阅读如何提供极致用户体验的书籍。管理层关注的是如何为用户提供更好的服务，而不是从用户身上榨取利润，制订惩罚性措施。最伟大的企业都是正直的，他们关心自己服务的用户，并且想要尽力服务好这些人。作为一个常常光顾乔氏超市的用户，同时也是一个对客服行业极其挑剔的人，可以说，这家超市从未让我失望过。工作原因使我常常对所有业务持怀疑态度，也常常会试着寻找能够继续改进现状的方式，但在我看来，乔氏超市基本上做到了完美。所以，恭喜乔氏超市：你在核心触点时刻为用户提供了极致的体验。

> 如果工作只是为了赚钱，永远不会成功。但如果热爱自己的工作，而且总是以用户为先，那么你一定会成功。
>
> ——雷·克拉克

如何制订核心触点方案

如果你想如乔氏超市一样优秀，就要懂得“他山之石，可以攻玉”的道理。这听起来似乎是老生常谈，但这正是世界上所有伟大企业背后的秘密。我们生活的世界是互联互通的，在经济中越能够实现互利互惠，商业就越繁荣。

以下是构建完美的核心触点体验步骤。

确定你的使命，确保真正理解使命的出发点：调研了上千家企业之后，我发现了世界上最伟大的企业取得成功的决定性因素：为什么的力量。

最优秀的、最成功的和最赚钱的企业，都有很清晰的市场和用户画像，它们的目标就是服务好自己的市场。在问到成功企业中的工作人员为什么要做这份工作时，他们的回答包括为了服务好自己的社区、自己的员工以及自己的用户；问到失败企业中的工作人员为什么要做自己的工作时，他们的回答常常是为了促进销量和赚钱。这难道不是一个很有趣的发现吗？

一开始就要弄清楚自己为什么要做这件事。如果你的回答是为了社区、员工以及用户，那么你的规划、制度、产品和服务都会以这个使命为出发点衍生出来。如果你设定的是正确的使命，并且为之付出，那么你一定会成功。

> 确保企业的使命宣言不仅仅是一张贴纸。确保你设置这个使命的原因是为了社区、为了员工也为了用户，让这个使命成为企业DNA的一部分。

说到做到

大学时，我选修了一门儿童发展课程，我仍记得教育方式的不连贯性可能带来的灾难性结果。真的。之所以很多家长带出了熊孩子是因为他们自己说一套做一套。

企业也同样如此。嘴上说着致力于提供极致用户体验，却扭头就制订并奉行了惩罚用户的制度和政策，那么你的核心触点体验绝对会失败。

用户其实很聪明，而且非常细心。永远不要给出你不会践行的承诺。

制订一个确确实实很重要的使命。

说到。

并且做到。

你的员工就会以同样的热情一起做到。

不要模仿失败者：很多企业选择随大流是因为这样可以规避创新和风险。而且这是行业惯例，不仅做起来容易，而且风险低。但伴随创新和风险而来的还有超越同行的机会。

比如乔氏超市就将店铺面积控制在 8 000~12 000 平方英尺（约合 743.22~1 114.84 平方米），并设计出了一套购物流程。考虑到它的整体策略，这样的“风险”对于乔氏超市和它的用户来说，都是极大的便利。这个创新不仅降低了超市的租金支出，还显著改善了用户的购物体验。不要模仿。要创新！乔氏超市做到了创新，所以取得了成功。

引导创新干预：如果真想建立一个极致的核心触点体验，就要进行“创新干预”行动。让用户参与进来，如果有可能的话可以邀请评论家，让他们感受你的核心触点体验。

我有个朋友开了一家餐厅，有段时间，他的餐厅在 Yelp 上的评分只有 3.5 分，而满分是 5 分。餐厅生意越来越差。他叫我介绍一些网络舆情控制公司来解决这个问题。（市场上有很多这样的公司提供刷好评的服务，将差评刷下去，从而提高网络评分。）

我建议他在寻找好评公司之前，先评估一下为什么人们对餐厅的评价这么低。经过激烈讨论，我们发现，网络上的评分很客观。

因此，我们联系了那些给出差评的用户，告诉他们只要来餐厅参加一个 35 分钟的创新干预讨论，就将他们的餐费退给他们。

用户们同意了，于是一群满腹牢骚的用户将朋友狠狠谴责了一番，可怜我那55岁“高龄”的老朋友，最后竟然大哭不已。最终，他向每位用户都真诚地道了歉。

根据用户们提供的意见，我花了一天时间和他一起重新设计了餐厅的核心触点体验，最终用户评分得到了提高，而且参与者很善意地在网络上分享了餐厅老板专门花时间解决他们不满的行为。事实上，这群用户最终变成了餐厅的推广人，常常在各种论坛发表餐厅的好评。

仅仅8周，朋友餐厅在Yelp和猫途鹰上的评分就提升到了4.5分，满分5分。餐厅员工也更加热爱在餐厅的工作，朋友也学到了有价值的一堂课：不需要什么网络技术，只要自己的服务做到位，用户自然就会满意。正如格言所说：“只有我们自己越来越好，生意才会越来越好。”

只是良好还不够

记住，核心触点体验一定不能只是刚好满足用户的基本预期，优秀的用户体验要有极致的产品、极致的服务和极致的体验，要让用户感到惊喜。每天都要处理运营事务并不意味着可以将用户体验放在第二位。

一定要有“用户第一，运营第二”的理念，因为我敢保证，你的竞争对手就是这样做的。企业很容易陷入作家丹尼斯·惠特利所说的“一叶障目，不见泰山”的情况中，只关注细枝末节。连用户都没有，遑论企业运营管理？

在互联经济中，用户的期望值每天都在攀升，竞争对手的期望值每天也在攀升。所以一定要由内而外都做到极致！

——秘诀——

核心触点体验同其他触点时刻一样，也是由很多细小的微时刻构成的。细节取决于你的个人业务，但总体来说，只要你不断在改进，业务就容易多了。记住，时间长了，企业会对用户了如指掌。这对于那些企业巨头来说，可能还说得过去。普通企业一定要不断地寻找和摸索以减少不适、增加愉悦感，最终改善用户体验的方法，这样才能够刺激销售和利润。

大量的企业花费上百万的巨资进行用户调研，却在创造持续的极致用户体验方面分文不花。要以旁观者的身份去设计极致核心用户体验，避免犯下商场上最大的错误：厌恶风险，内视，忽略用户需求和问题。惩罚性的用户制度服务的只是公司自己，而用户会用负面评价淹没你。

把设计完美用户体验当作设计活动。首先，要习得获取实用观点的技能。接着，要设计出贯穿整个用户之旅的美好时刻。当你真正地开始向外看，开始关注用户的时候，每天都会产生新的想法，每周都会出现新的创新计划，而不再是一年才出现一次。

第 10 章　完美末触点时刻

扣人心弦，保持难忘

尽管我是一名管理咨询师，每年也会在一些全球性的活动上讲话。但为了达到更好的演讲效果，我还是聘请了一位顶级演讲教练。我太了解雇用专家的意义了，因为这就是人们雇用我的原因。

教练的培训堪称完美。但我没想到，她传授的演讲技巧竟然成了企业提供极致个性化体验最应该做的也是最重要的事情之一。而且，同样的道理在提供完美末触点体验方面也适用。用她的话说就是，要吊足观众的胃口！

扣人心弦才能让他们鼓掌欢呼

你可能在网络上看过精彩的 TED 演讲，这些演讲以对话形式呈现，非常吸引人，而且演讲者看上去也值得信赖。过去，演讲就是向观众传达信息。但现在，我的教练这样说，演讲是通过可信的谈话与观众产生共鸣。顶级的演讲者不会说教，他们会带着观众一起展开一段情感旅程。他们可能会向观众提问，走到观众中间；也可能只是简单地通过观众的举止反应来称呼观众。最重要的是，杰出的演讲者与观众有着情感联系，他们不会只是扔出自己的观点。糟糕的演讲者是说教，优秀的演讲者则会带观众展开一段旅程。而且优秀的演讲者看上去可能会显得很脆弱甚至是笨笨的，但这也说明，优秀的演讲者都是非常真实可信的。

TED 演讲的时长一般都比较短，差不多 18 分钟，而像我这种职业演讲者经常会被要求讲上 60~90 分钟，无论对于演讲者还是听众来说，这一个多小时简直就是度日如年。听演讲就像吃巧克力蛋糕，吃一块觉得很美味，如果要吃下整个蛋糕，就会觉得腻了。

所以教练和我需要解决的问题就是，如何在长时间的演讲中达到 TED 演讲的投入度，以及如何让听众在结束后仍然觉得津津有味。答案就是给观众讲一个故事，开头要精彩，结尾也要精彩。

吸引用户也需要做同样的事情，一开始就要打动用户，结尾还要让他们回味。

保持信息通畅，要有头有尾

就连职业演讲家也常常面临时间不到，激情就耗尽的情况，这会导致收尾不力。而正是结尾，才是用户们会永远记得的部分。

做生意也是如此。要保持热情和干劲、不敷衍，直到用户体验结束，这非常重要。但绝大部分企业都只关注前端，尤其是核心触点体验，却忽略了末触点，这就会将自己置于危险的境地。保持用户体验的连贯性、一致性和吸引力都极其重要，但用户体验的末尾还有一个维持和加强用户联系的巨大机会。

我的一些演讲是关于未来医疗保健行业发展前景的。不久前，我为一家世界顶级医药公司做演讲，这家公司的很多管理层人员都对未来行业的转变持非常悲观的消极态度，请我过去的人希望我能够提升大家的士气。根据教练教给我的，要想鼓励这群观众，开头就要打动人心，而且末尾一定要有力量。

于是我以一个问题开始演讲："你的 emoji 是哪个？""emoji"是"图片符号"的日语，人们常在短信中用"emoji"使用笑脸等图片来表达感情。

我买了 24 个带笑脸表情的球，在演讲开始时把这些球扔给观众，每个拿到表情球的人都要发表自己对医疗保健行业未来的看法。尽管这会让人们感觉不自在，但它增强了观众的代入感。

管理人员在表达自己对医疗保健行业未来的悲观看法的同时，他们其实已经和我展开了一场对话，他们不仅喜欢这样的对话，还会一直记得。人们表达完自己的看法之后，我会展示出其他持同样观点人的数据。其实，医疗保健行业的大部分高层都不看好行业未来。

接着，我提供了各种数据和案例，告诉人们其实医疗保健行业的未来一片光明，充满了潜力和良好的经济机遇。此外，还举了一些其他行业的有趣的例子，这些行业经历了类似的转变，但最后却变得更加繁荣昌盛。

演讲结束，也就是听众的末触点时，观众们都很激动，他们看到了以前从未想象过的机遇。人们喜笑颜开，情绪高涨。我相信他们会记得这些带着表情的球，他们对行业未来的看法也会改变。事实上，我听说几周以后仍然有一些人在讨论这场演讲。他们不仅重塑了自己对医疗保健行业未来的看法，也重置了自己的世界观，这影响到了日常生活的方方面面。我的演讲让人记忆犹新，产生了巨大的影响。而这就是你在设计极致用户体验时应该采取的行动。要打动用户，和观众产生共鸣。

起立鼓掌！

行动起来！了解你的听众

我之所以能够成为一个成功的演讲者，是因为我愿意花大量时间去研究听众的独特需求，也就是他们喜欢什么以及讨厌什么。除了表情球的例子之外，我还会创新性地尝试使用一些观众们从未看到过或者是听说过的表达方式。毫无疑问，他们肯定没有在其他演讲中见过类似表情球的互动方式！

那次演讲非常成功，因为我更加深入地了解了他们的问题需求，并且为他们指出了一条光明大道。我使用的方言和语调与听众的预期是一致的，同时，我的演讲也达到了组织方的期望效果。

最重要的是，演讲结束后听众们仍然意犹未尽。整场演讲从头到尾的内容都充实饱满，这也是完美末触点的秘密。就算用户买了你的产品、你的服务或者你的创意，你的服务也远未结束，直到最后也要保持能够提供极致的服务，不然留给用户的印象会非常糟糕。正如第 11 章里所讲的，极致的体验要贯穿整个用户之旅，直至交易结束。

保持感性和理智，最重要的是要保持难忘

去年秋天，我经历了一件令我非常痛心的事情——我深爱的大女儿要离开我们去圣迭戈上大学了。如果你身为父母，一定了解我的悲痛。

我的女儿一直是我的开心果，送她赴外地求学比我想象中的要难多了。我和太太知道应该送她去学校，但仍然不舍得她离开。我们送她去圣迭戈，花了几天帮她整理寝室。我意识到，这对于女儿来说也是人生中的一个重要时刻，我们想为她构建一个特别的末触点。我们决定在日落黄昏开车去沙滩，请一位路人拍下我们并肩而站举手庆贺的样子，以此纪念这个时刻（见图 10–1）。

搂着女儿同时将手举向天空的时刻，成了我们人生中的一个节点，我会一直记得。我相信女儿也会永远记得这一刻。无论是商业领袖，还是已为人父母，人们都需要为用户构建一个

具有完美触点的旅程。只要最后一个触点是完美的，人们会记得你一辈子。

图 10-1　和女儿一起享受完美末触点时刻

留意那些完美的末触点体验

下次买东西的时候，记得留意一下末触点体验。最后收尾是否完美？你会有判断的，因为你会据此判断下次会不会再来。好的末触点体验会让你心情舒畅，花钱花得值得；差劲的末触点体验会让你浑身不舒服，只想赶快离开，绝不回头。如果真的是这样，记住吸取教训：永远不要像它们这样。就这么简单，这么个性化，如果你的方法对了，过程其实很有趣。

末触点：行业最优企业的经验

末触点要根据你的业务、企业文化和目标来设置，所以我没有办法告诉你具体要做什么，但我可以告诉你，那些成功的企业是如何设置极致有趣的末触点的。

“墨西哥卷黑帮”的经验

在实践中，网络上和线下都会有末触点。墨西哥卷黑帮是加利福尼亚州的一个区域性餐饮品牌，它的整个用户体验从头到尾都非常棒，包括末触点。

买完墨西哥卷结账索要电子发票的话，墨西哥卷黑帮还会给你发一封感谢信，感谢能够有机会为你提供服务。邮件里还会附上一份调查问卷，征集用户对自己服务的意见和建议。它将实体的末触点体验（结账拿货）同网络末触点体验完美结合起来，从而在不断改进用户体验的同时也推广了自己真诚服务用户的理念。

末触点不需要多么复杂或者昂贵，但是要能够满足用户需求，并且足够真诚。

诺德斯特姆策略：高体验，高品质

诺德斯特姆是全球最好的百货商店品牌之一，它完美地示范了如何提供高品质且有竞争力的末触点体验。它采用的方式很简单但却很有效。做出让收银员走出结账柜台并把购物袋亲手递给用户的承诺，诺德斯特姆是全球第一家。这一行为看起来很简单，但能够产生巨大的心理影响。

从核心触点体验的观点来看，诺德斯特姆还提供为用户挑选配套衣服和裙子的服务。这些私人买手非常专业，或者说他们其实更像是造型设计师。他们不仅知道男装的最新趋势，还知道如何为服装挑选配套的鞋子、领带和口袋巾。他们这么做不是为了促进成交，只是单纯地在给用户提供价值数百美元的免费咨询服务，这就提升了核心用户体验的价值。

诺德斯特姆的核心触点体验已经做到了极致，但结账完成后柜员亲手把购物袋递给你的时候才是整个体验的高潮。如果曾在那里购物，你一定知道那种感觉，就像是递给你袋子的其实是你的朋友一样。诺德斯特姆的所有触点最终共同打造出它的高体验和高品质的购物经历。

星巴克：记得你的名字

在星巴克点当日特饮的时候，星巴克不会给你一个号码，而会特意询问你的名字。这看起来不起眼，但正是人际交往中这些不起眼的细节促成了令人惊艳的个性化体验。

当店员叫你的名字的时候，就像是听到了世界上最美丽的词语，这就是星巴克的末触点。研究表明，就连陌生人叫你名字也会产生不可思议的连接的力量。而星巴克留给你的超级有力的末触点就是这个个人连接。

惊艳亚马逊

亚马逊是我最喜欢的公司之一，它有完美的线上体验。在我购物的时候，亚马逊会给我推荐一些其他的相关产品，有些产品价格会更低廉。

你可以认为这个末触点算是追加销售（如果真的是追加销售，亚马逊为什么还要推荐低价产品呢？），但其实，这是亚马逊的千般好之一，它希望给用户提供难忘的网络购物体验，给用户带来实实在在的价值。

搞笑西南航空

现在的空中旅程，很客气地说，也是极度痛苦的。我每年飞行上万公里，最常搭乘的就是美国西南航空公司的飞机。该公司的 CEO 曾说过一句名言：我们是一家提供用户体验的公司，只不过刚好也在开飞机。的确是这样。

西南航空公司有个末触点体验，就是飞机着陆后开始廊桥对接的时候，机长会通过广播系统说这样一段话："女士们、先生们，我们的飞机比预计时间提前 10 分钟抵达，稍后会打开机舱门。我代表整个机组成员，感谢您选择乘坐西南航空的航班。"通常机组成员还会在机长广播之后讲个小笑话，逗乘客开心。他们有时候是讲笑话，有时候会唱首歌。曾经有个乘务员将起飞前注意事项用说唱的方式讲了出来，全机的乘客都为他打节拍。

瓷砖工人如何结下了终身用户

最近我找了一家承销商给家里铺地板，跟他打交道很愉快，而且他非常专业，从头到尾都做得一丝不苟，但他最后做的一件事情令我吃惊。在一切收拾妥当之后，地板非常漂亮，他问我能不能坐下聊一会。我坐下后，他说：

> “韦伯先生，我只是一个小小的承销商，我为自己的工作感到骄傲。同时我也希望你知道，我非常感谢能够有这样的一个机会为你服务。如果将来能够再次合作，我会感到非常荣幸。”

他说这些话的时候非常真诚，不是机械式的重复，也绝对不是装出来的。谈话过程中他掏出钱包，给我看他的家庭照片。一般人们对这些行业的服务人员不会抱什么期望，毕竟他不是在卖豪华车，只是铺地砖的。所以当他展示出这样极致的服务和触点体验的时候，我非常欣赏他。我不再仅仅是他的用户，而是成了他的宣传者，一有机会，就会向朋友、家人和熟人推荐他。

你的末触点是什么样的？

触底反弹

各个触点已经被分解成一个个的细分时刻，用它们来指导设计极致体验。用户体验不是一个单独的孤立事件，而是由一系列完美事件构成的整体。但人们却常常忽略末触点时刻，最终酿成恶果。

一句话让你永远失去用户："你的衣服太重了"

几年前，我们买了一套房子。因为我常常出去做演讲、见用户，衣服多得数不清，所以让工人在卧室衣柜里加了一个旋转衣架来挂这些衣服。在家睡觉的第一天晚上，从卧室衣柜里传来了一声可怕的撞击声，原来整个衣架都垮了！第二天一早我联系了工人，衣柜承包商来检查了损坏情况，很快就修好了衣柜。

最后，他叫我过去验收签字。本来一切进行得很顺利，但他最后说了一句致命的话："得给您说明一下，衣柜坏了不是我们的问题，而是你的衣服太重了。"当时他要是能闭嘴，现在肯定还会有业务，但他没有。而且，他显然不只对我说了这样的话。

感谢光临：如何才能让你恨我？

一个美国最大的零售商之一，他们明确规定鼓励出纳增销延保卡。这种保修服务对于零售商来说利润空间巨大，但对于用户来说基本没有什么价值。其实，如果上谷歌搜索零售商的名称加上"延保服务"，就会搜到上千条用户差评，里面吐槽了这种保修其实一点儿都不值它的售价。

很多企业都有这样的规定，但追求这种短期的利润会造成长期的伤害。用推销的说辞忽悠用户，让那些用金钱支持你的人，购买一些你明知道没什么用的东西，所以难怪那么多企业最后都销声匿迹了。不仅仅局限于延长保修，还可能是柜台迫使用户注册购买信用卡或者其他一些本来不想要的东西。借用老剧《功夫》的台词，在做决定前，“想清楚再选，伙计。”

—— 秘诀 ——

末触点像其他触点一样，可以是不起眼的，但要想构建一段连贯的美妙旅途，却绝对不可忽视。把末触点看作向用户表达衷心和珍惜之情的方式，用独特的事物给他们带来惊喜，深入研究，清除任何可能的惩罚性事物。末接触时刻经常是最被忽视的一个触点，但它却发挥着至关重要的作用。

在针对不同触点时刻召开的头脑风暴会议时，你会越来越擅长发现取悦用户的方法。寻找影响用户对产品和服务态度的因素时，细数听觉、嗅觉、视觉和其他感官因素，你也会变得越来越细致。迪士尼这样伟大的企业一直在寻找各种办法改善用户体验，设法让用户旅途的整个体验比用户预期的好十倍。

这其实是个很有意思的工作，所以请深入研究。和员工一起设计这些体验，给他们足够的主人翁意识。如果你做到了，那么“钱途”不可限量，不仅你的工作生活质量会大幅度提高，你的企业也会在竞争中不断壮大。

第 11 章　内触点时刻

个性化、相关性和获得感

无论你提供的是有形的产品还是无形的服务，你的优势就是了解用户的兴趣所在。所以，即使受众不再是用户，你也能够进一步影响内容生产及市场推广，成为思想的引导者和价值的提供者。这就是内触点的精神。

围绕内容营销展开的活动其背后的概念就是通过持续提供价值培养已有的用户。比如卖滑板的商户可以推送相关技术的最新信息。这样，用户有内容可看，商家也成了内容专家。这样的商家就是思想的引导者和价值的提供者。

5

内接触点

自从之前我在 MakerBot 买了一台 3D 打印机，MakerBot 就开始给我推送 3D 打印机行业的最新进展。这些信息不是促销信息，而是能为我带来真正价值的信息。这家公司提供的就是极致的内接触时刻。

打造成功内触点的关键在于控制住向用户推销更多产品的冲动。我们要更加准确地把握用户的需求，给他们提供更加贴心的价值套餐，证明我们不是想要兜售任何东西。这样，用户才会对我们产生积极情绪，这样才会在将来有需要时首先想到我们。

预接触时刻也是同样的道理：无偿提供价值，不索取任何回报。所以说整个消费旅途其实是完整的。在互联网经济时代，我们必须要主动寻找用户所需要的价值所在，然后将其应用到网络和实体的各种渠道中。同时，还不能干扰到用户，做到“非销售性”，并保持有用性。内触点体验优秀的公司能够使它们的用户生活得更好。

价值主张：控制欲望，着眼未来

不幸的是，很多企业刚开始就十分急迫地想要通过用户资料向其兜售更多产品。这样的结果只能是挫败。用户不喜欢和一上来就将他们的信息赤裸裸地用于销售产品和服务的企业做交易。这种销售方式即使过去有效，现在也已经没用了。企业只有通过免费提供价值才能脱颖而出。

但不知为何，商场人士很难抑制向已有用户推销新产品的欲望。他们觉得向已有用户做销售最容易成功，所以就拼命推销。

但在如今这个超关联经济时代，用户至尊无比。要想用户为你花钱，首先得服务好他们。现在的用户希望获得持续的免费价值，如果企业够聪明，就能意识到用户有数不清的选择，他们将从中选择与那些能够持续提供价值的企业做交易。而且，在大多数情况下，这些企业提供的价值都是免费的。

价值银行的力量

我有很多用户都使用了一个被我们称为“价值银行”的项目。它的概念很简单，是个逆向游戏。骗子声称给你的远远多于他们实际提供的，其实就是他们卖给你的价值是你永远都得不到的。

而价值银行做的刚好相反：免费为用户提供有价值的东西。我的用户甚至会在自己的预算中加入一个售后赠品。我知道一家专门铺运动场的沥青公司，它的出价中包含一个价值 700 美元的价值银行，它的用户永远想不到，在完工之际，公司还会免费给他们提供篮球网、篮球筐、垃圾箱和一系列非常酷的运动配件。我还知道一家按摩浴缸公司，这家公司会随浴缸免费赠送一大篮子 spa 用品。

大部分企业提供的只是用户预期之中的价值。而我们要提供的体验应该是极致到可以实现 5 星社交网络评分的体验。价值储备就是事先明白提供给用户的东西应该是出其不意且极致的。这样，你做到的就会多于你所承诺的。按照这个简单的方式去做，用户就会记住你并且善待你。

出其不意的奖励

价值银行的概念不仅局限于 Cracker Jack（百事食品公司旗

下品牌）盒子里的免费奖品，因为 Cracker Jack 的免费奖品是预料之中的，所以是用户基础预期的一部分。而价值银行提供给用户的往往是他们意料之外的。

我有个用户经营着乡村风的高端旅馆和度假酒店，因为选址常位于山区，所以酒店运营费用高昂，而且由于地理位置的原因，导致了大量的季节性歇业。这个用户每年年收入的 90% 都是在开业的半年内赚到的。所以对他来说，要想在行业中保持竞争地位，提供极致的用户体验就变得尤为重要。

不久前，他开始让团队在住客入住期间为他们拍照（当然要经过住客允许）。住客离开后过不了几周就会收到一本免费的装订精美的相册。对于我的用户来说，每本相册的成本只有 40 美元，而且是酒店员工在歇业期间挑选集合寄出的。尤为珍贵的是，酒店还花不到 20 美元用联邦快递将每份相册邮寄到住客手中。就这么一个简单的内接触时刻，为酒店带来了不可思议的经济影响：酒店的复订率增加了 78%。

故事不止于此。成百上千的住客将自己收到的相册拍照分享到社交网络上。向酒店询问的新增住客中，有 20% 的住客都是通过社交网络得知的酒店。现在，除了装订好的相册之外，酒店还会给住客发送电子版的相册照片，便于住客在社交网络上分享。有人确保这个行为能够促进酒店生意吗？没有。这份相册礼物有哪一点儿像是促销吗？没有。但正是这两点构成了一个完美的内接触时刻。

内容营销：免费的力量

内容营销是如今全球最大的营销热词。但这个词其实无法完全描述出什么是真正的内容营销：免费为用户提供他们本来要为之花钱的信息，而且没有任何附加条件。注意我说的是没有任何附加条件。很多传统的营销人员用内容营销获取用户信息，接下来会向用户推销产品。

另外一种表述和理解内容营销的方式是这样的：为已有及潜在用户提供免费但有意义的内容，而且目的只是提供内容本身。

这样的定义很难被当作至理名言写在保险杠贴纸上，但它很准确地介绍了如何有效进行内容营销。内容营销的广泛流行和其成百上千的成功案例证明，通过向用户免费提供价值并与他们保持联系，对于维持高质量的用户关系非常重要。这也是内触的重要性。

蒂芙尼的用户关系之道

蒂芙尼以生产设计精美的高质量首饰出名。蒂芙尼热爱自己的用户，并且善于在各个用户触点上提供极致体验。

在末触点上，蒂芙尼专业热情的销售代表会亲自把你买的东西装进蒂芙尼蓝的包装盒内，再用蒂芙尼蓝的包装纸包好，最后放进精美的蒂芙尼蓝手提袋里。在蒂芙尼买的东西会立刻成为你的私人珍宝，甚至是传家宝。

在内触点时刻，蒂芙尼根据用户个人情况免费为其定制产品提供产品创意。之后，用户最终会接受引导购买更多产品。不仅如此，用户还会收到卖给他们产品的销售人员手写的感谢信——不是整个公司收发室作业部门统一产出的，而是销售人员自己写的。这不算什么高科技，也不算什么创新，只是一件人们不再愿意去做的事情。虽花不了多少成本，却能带来巨大的影响力。

> 研究证明，如果医生在一个疗程结束后给病人打电话询问病人情况，可以显著减少遭到医疗起讼的风险。[1] 这个举动不仅大大增加了病人向其他病人推荐医生的概率，也增加了公共社交网站上医生获得病人好评的概率。考虑到大部分医生获取病人的成本，以及医疗诉讼给医生带来的致命性打击，我觉得医生在一个疗程后对病人进行电话回访似乎是必要的。尽管有这样那样显而易见的好处，但是许多医生仍然不把这一步骤放在眼里。

以防万一：温馨提示的力量

我有个朋友给我讲了他和太太是如何度过 20 年婚姻的艰难时期的。几年前，他给太太在蒂芙尼买了一个手链，就在 2017 年情人节的前几天，蒂芙尼给他发了一个温馨提示（不是 30 个，只是 1 个）说情人节就要到了。而我的朋友已经完全忘了这个日子。

提示信息里有很多非常贴心的推荐礼物。他选了一款然后在网上下了单，两天之后东西就到了。无须多言，太太非常高兴。

这样一个有意义的时刻竟然是由蒂芙尼给他们带来的。没错，蒂芙尼想要卖出更多的产品，但它也极其谨慎小心，只提供对用户有价值的信息。

朋友的这个故事发生在三年前，他和太太两人从来没有那样开心过。

内接触时刻：个性化、相关性、获得感

大多数用户的底线都是如果公司没有礼物就不要联系自己。最好的企业为用户提供实实在在有价值的好处，其目的不是兜售更多产品和服务，而是同用户维持关系。

赚钱是同用户维持关系的结果，这没有问题，但如果主要目的就是赚钱，那你会一败涂地。内接触推荐应该是独特且有意义的。正因如此，要认真设定这些推荐的频次。联系用户的目的是保持个性化、相关性并提供有价值的服务或产品。

> 除了让内接触推荐和沟通更加个性化，相关性也非常重要。欧迪办公知道我有一台惠普打印机，也知道打印机的型号。利用用户关系管理工具，欧迪办公能够精确地理解我的需求，为我推荐了墨盒和硒鼓。
>
> CRM 工具的最佳用途是它可以准确贴合你的用户类型，提供高度相关的信息。尊重我，就不要为我推送一堆我不需

要的东西，而是满足我的所需，提供一些有用的建议，这样我终身都会是你的用户。

我的孩子带牙套，牙医经常会短信提醒我们要刷牙，或者是哪些东西不能吃，要保持牙齿的健康和牙套的完好。他和我们保持着密切的联系，却没有向我们兜售任何东西，他只是在帮助孩子们得到更好的体验，他很好地利用沟通实现了价值的增加。

如何设计恰当的内接触时刻

个性化、相关性和获得感是使所有用户类型的内接触体验能够保持极致和持久的三个关键点。用户重视这些，如果能够满足这些诉求，你创造的将不仅仅是出众的内接触时刻，更重要的是你还将得到终身用户。

企业无论大小，都能提供属于自己的精致的内接触时刻。小型企业没有欧迪办公或者是蒂芙尼的资源，但可以利用 CRM 软件。基础的 CRM 应用可以根据用户的历史消费产品和服务种类进行搜索，企业根据搜索结果可以为对应的用户类型推送有价值的相关信息。

设计完美内接触时刻有以下几种办法。

个性化

如何在各个接触点上实现用户沟通的个性化非常重要，机械化的沟通方式是不可取的。我在本书中一直在说，极致用户体验在于创造连接点为用户提供意义和价值。

创造并维持这些个性化的连接点需要创新，有时还需要新的商业模式。用户沟通的个性化会使你成为英雄，大部分公司的用户关系乏善可陈，但你的用户关系要深厚得多。

个性化清单

请自问：

- ❑ 你有花时间深入了解你的用户吗？
- ❑ 你了解自己用户的类型吗？
- ❑ 在与用户沟通的过程中，你有明确表示会免费为用户提供有意义的价值吗？
- ❑ 你提供的推荐与用户需求是高度相关的吗？能够让用户迅速断定它的价值吗？
- ❑ 你同用户保持联系的频次和方式有经过慎重考虑吗？
- ❑ 你有抗拒只想向用户兜售产品和服务的本能反应吗？

相关性

很多企业做用户推送时会采用广撒网的方式，想着可以搭售点什么东西。但它们犯了个错误，因为这种推荐同用户需求是毫不相干的。给一位需要西装的男士推送女鞋的优惠信息是称不上相关的。但很多企业经常不顾一切地进行这种不分需求的推送，这非常不负责任。一定不能再犯这种错误。

了解了你的用户类型和用户的购物习惯之后，就可以根据他们的需求偏好定制推送了——就像欧迪办公卖给我惠普打印机的硒鼓一样。

相关性清单

请自问：

❑ 你的推荐是根据用户的历史购物习惯做的吗？能满足用户需求吗？

❑ 科技、潮流或者其他元素是否改变了环境，使你的推荐变得毫不相关？

❑ 你对自己用户的类型的了解程度是否足够据此为他们提供更加细致的推荐？

❑ 你是否有下功夫了解用户可能需要的产品或者服务的类型？

❑ 你的推荐是否太过宽泛（比如促销宣传）？你的推荐是否是根据用户需求特别定制？

❑ 你的用户是否认为你的推荐是有意义且有价值的？

获得感

如果你也像我一样，收件箱里就会堆满毫无价值的邮件推送。这些推送毫无价值，简直就是对收件人的侮辱，只能说明发件人对你知之甚少，根本不关心你的需求。仔细看看你自己是在提供价值还是刚刚达到及格线。

价值感清单

请自问：

❑ 你的推送看起来像是在向用户卖东西，还是在向用户提供他们真正关心的东西？

❑ 你给用户做推送的频率每个月是否超过 1 次？

❑ 你的推送是否同用户咨询小组或其他直面用户的员工进行讨论，以确保自己确确实实在提供价值？

❑ 你是否有一套自己的方法测量用户希望的联系频率及用户需要的价值？

内接触全局观

只要在线上线下每个触点上都能提供优秀的产品和服务，用户就会乐意同你保持联系。

不幸的是，很多公司几乎所有的内接触体验都是为了向用户配套销售或是增销新产品或服务，不会带来良好的用户体验。拿到用户联系方式是特权，企业对此荣誉要怀有敬畏和感恩，要将其用于为用户带来更多的价值和服务。

最好的企业与用户的联系如君子之交，你的生活会因此变得更好。而这正是内触点的意义所在。

—— 秘诀 ——

在过去参与的沙盒演练中，我有幸见证了伟大公司创造精妙绝伦的内接触时刻的过程，从提供免费心跳监测应用的心脏病医院，到赠送新年“欢乐水花套餐”，以及帮用户为春泳做准备的游泳池公司。

尽管必要时可以照抄其他人的创意，但企业如果要想成为行业明星，就要创造属于自己的方法，为已有和潜在用户提供源源不断的价值。就算有用户一去不回头也不要担心这是在浪费钱，无法再维系用户关系、无法再满足用户需求才是企业最该担心的事情。

我和很多高中时的朋友现在依然保持联系，而这份情谊能够维系到现在的原因就是我们礼尚往来，为彼此增加价值。处理用户关系也同样如此。想要五个触点都做到极致全靠自觉。大部分企业从来都不会这样做，所以他们要支付巨大的费用来请其他愿意做这种累活的公司去调查他们用户的喜好，再把调查结果变成每个触点上完美的个性化体验时刻。

第 12 章　科技与用户体验的未来
双刃剑的赋能

当科技遇到用户体验，科技会变成一把双刃剑。一方面，很多企业习惯使用传统的科技，诸如净推荐值手段、用户关系管理工具及数字调查。但关于用户真正喜欢什么、讨厌什么，这些技术提供的信息几乎全是错误且片面的。然而领导层常常能通过使用某种技术形式获得一种温暖和舒适感，就像这么做了之后他们就已经尽到了了解用户的责任一样。

但另一方面也不可否认，先进的科技可以提供更深入的分析以及收集应用这些分析的更优方式。但如果使用不当，失败也是逃不掉的。

所以我个人建议企业研发一套独立系统的线上线下赋能计划。这套计划应该包括技术栈，即各种各样能帮你更好地判断用户需求及更好地满足这些需求的技术。这样企业就能够利用科技强大的分析能力，做该做的事情——深入了解自己的用户喜欢什么及讨厌什么。

没有一个完整系统的计划，企业很可能依然使用那些传统的碎片化方式去了解用户体验。通常认为，用户关系软件尤其是市场营销软件，是终极救星，但正如本书所说，它并不是大救星。

科技就是力量

前面我说不要只关注技术手段，然而在这里我说应该利用科技。这是自相矛盾吗？非也。

我的意思是，类似 CRM 程序等利用科技的传统方式其实只是在寻找新的面向用户的推销方式。而这种方式的问题在于用户不希望自己被操纵，他们希望自己被尊重、被敬仰。

所以，应用科技的出发点应该是利用科技为线上和线下的用户带去更多、更令人满意的价值。从这个角度出发去应用科技，那么企业获得的数据和信息将极其匹配用户的需求，而且还能推动企业更好地进行创新，早日成为行业巨星。

科技的五个关键驱动因素

假设昨天我去了在拉斯维加斯召开的 2016 年国际消费电子展，现在就会在这一章节中告诉你，基于目前已有的科技我们应该做些什么。没过几周，这些推荐可能就不再适用了。

回想之前我做过的有关科技和用户体验未来的分享，我决定着重介绍以下五个关键驱动因素，这五个关键因素将决定企业能否通过科技取得成功。不远的将来会有各种各样的变化，但这五个驱动因素依然有效，它们可以用来打造你自己的用户体验赋能计划，而且在接下来的几十年里，它们都会不断地影响科技的应用及其带来的福利。

一号驱动因素：数字化

数字化的概念是改变人类的最明显的趋势之一，它会改变用户和企业互相沟通的方式，改变企业了解用户的方式，改变企业衡量和检测投向市场的产品和服务效果的方式。数字化是指数字连接无处不在，而且这种连接只会越来越密切。

企业衡量保持用户关系的方式将会大大影响其提供和打造优质用户体验的方式。数字化告诉企业，用户会主动找到它们、搜索它们、审视它们并且收集它们的相关信息，通过这些互相连接的电子设备，用户已经在使用企业的产品和服务。

现在这里的电子设备很可能是手机。正如本书第 1 章中提到的谷歌公司的例子，微数字时刻（或微时刻）会深刻影响用户接触和体验一个品牌的方式。随着未来这些电子设备发展成为可穿戴设备，数字普及率只会进一步提高。

数字化使我们彼此关联。在下一波浪潮中，我们仍会彼此联系，但是联系的媒介和方式会比现在更加多样化。企业会与用户相连，用户与企业相连，企业搜集和分析用户信息会达到前所未有的便利。

现在的用户已经通过数字手段与企业保持持续联系，未来这种联系会更加密切，你的企业将如何处理这种情况？你会如何利用与用户的联系创造更好的体验？企业一定要打造无缝完整且适当的联系，使线上和线下个性化体验结合起来。

很多企业会造出两个用户体验筒（仓）：（1）线下非数字化的体验，团队为用户打造实实在在的线下体验；（2）数字化体验，团队打造线上体验。很遗憾，在如何将两者无缝结合起来这方面，企业的表现往往差强人意。

诀窍在于整个团队必须要同时打造两套体验，以确保产品、服务、运输渠道和品牌能够互相完美配合，形成一个系统的解决方案。这样企业线上宣传的品牌承诺就能与线下提供的实体体验保持一致。

二号驱动因素：精细化

过去，企业获取用户数据的工具非常简陋。获取的信息常常过于模糊，根本没法用来进行用户驱动创新。现在就不一样了，现在获得的信息极其精细，如果说以前企业看到的是养宠物的人，现在则是在纽约市养法国斗牛犬的单身女性。

用户信息越精细，企业提供的信息就越有价值，提供的产品、技术和服务就更能够满足用户的需求。科技的发展会持续赋予企业精细化识别用户类型的能力，而有了这种能力，企业就能构建精准满足用户需求的解决方案包。

一直以来，我们都是宏观用户的设计者，现在我们要做微观设计者，设计微观体验和片段中的微片段。做到如此精细化似乎很荒谬，但是科技赋予了我们这样的能力，也正因为有了这样的能力，才更应该精细化。

极致用户体验的源头是相关性。要想创造相关的用户体验，必须要更精细地了解自己用户类型的独特微片段和片段，这样才能给他们提供独一无二的信息和解决方案。

三号驱动因素：有意义的数据

第三个趋势是有意义的数据。认知计算（以前叫作人工智能）是大数据和数据分析中最有前景的一个领域。我们不仅要获取大量的数据（因为我们能做到），还要理解这些数据代表的含义。每个数据信号都有不同的含义。企业要观察每个数据，利用认知计算的力量去探索能够提供更佳的用户体验的方式。而这样的探索常常会以我们从未料想到的方式展开。

谈及用户体验和有意义的数据，未来的科技同海量数据组的获取密不可分。认知计算能够更有效地收集数据并分析这些数据的含义，一旦能够意识到这些细小的信号，企业就能够寻找到提供完美个性化体验的独特方式。

已经有大型企业进军这个业务领域。IBM 沃森部门正全速致力于研发各种各样解读数据的科技方案。如此一来，认知计算将成为用户体验设计方面的下一个科技大趋势。

社会化聆听是大数据和数据分析领域另一个很有潜力的方向。通过社交媒体数据分析用户之声，这种方式为企业带来了理解用户的前所未有的能力。用户分享自身经历、喜欢和讨厌事物的推送数量，每年达到数千亿条。

用户体验和市场营销人员不仅可以用社交数据评估品牌健康程度和营销活动的效果，还可以用它来挖掘市场中的新需求，进行未来新产品的创新研发。

利用先进的大数据分析技术，企业可以进行大范围的人群调研。社交数据的获取是主动的，传统市场数据的获取是被动的，而且只会印证企业已经掌握的信息的准确性，进而巩固现状。所以使用社交数据调研的企业占有巨大的优势。

四号驱动因素：可执行的分析结果

可执行的分析结果源于有意义的数据，而这意味着企业所掌握的信息必须是有用的。显而易见，这个道理谁都知道，但我的确见过一些企业花费了上千万元，获得的仍只是单维的分析结果，没有任何用处。在未来，科技与用户体验会演绎出优雅的诗篇，而科技之美会赋予我们了解用户所做、所说以及行为方式的能力。

一旦能够理解用户行为的意义时，企业就掌握了实现颠覆式创新的核心，既能够打击竞争对手的弱点，还可以令用户满意。

五号驱动因素：可测量性

未来科技的最后一个趋势是可测量性。管理咨询领域有个说法叫作“可测即可行。”

但大部分企业的项目要么根本无法衡量结果，要么在衡量结果的时候用了错误的测量工具。所以绝大部分企业几乎无法判定一个项目是否成功，还有一些企业根据是否盈利来判定项目是否成功，而不考虑项目对用户以及自身所服务市场的影响。

科学的测量方法应该采用执行仪表盘，这样既能够使用大量复杂的数据（一般都用于数据表中）又能以简洁的图表形式展示给用户。任何科技测量的东西都能够纳入这个简洁的图表界面。执行仪表盘非常便捷，可以清楚地展示当前用户体验项目的效果，并且迅速找出根据数据改进用户体验的方式。设置一系列好用的测量工具，通过执行仪表盘向领导核心汇报是目前为止服务未来用户体验最好用的技术之一，而未来数据和采集分析数据的方法还会不断改进。

大部分企业每年会针对自己影响用户的方式做一次复盘，甚者有些企业干脆不做。那些有权力、有意愿、有动机迅速做出改变的人制作的业绩展板，可以帮助企业确保业务不出现偏差。企业可以变被动为主动，在如今竞争如此激烈的环境中，当企业意识到走错方向的时候已经为时已晚。企业如果不抓准市场、用户和整个用户之旅的脉搏，就会被市场竞争打败。

利用认知计算和对用户体验更深入的理解，我们就可以发现，业绩展板就是用户体验的未来。

一句忠告：不要将科技用于获利。科技可以提高效率，

降低成本，促进销量，但如果获利是你的主要目标，那么企业很有可能只能够提供一般的用户体验。仅仅利用科技无法提供令人惊艳的用户体验，也无法建立以用户为中心的企业文化。千万不要掉进懒人陷阱！只是接入技术堆栈，然后就坐等用户开心地给出5星的网上好评是不可能的！

——秘诀——

这五种趋势会幻化成各种不同的形式。有些处于发展阶段，有些现在已经实现了。

数字化会随着新的传感器及技术的发明越发常见。

精细化是我们创造真实并且有意义的用户体验的唯一方式。

有意义的数据，即关于用户好恶的能够被理解的信息。处理大量数据的关键就在于收集以及清楚什么才是关键点的能力。

通过认知计算和社会化聆听得出有意义数据的能力对于企业识别意义的方式有巨大影响，它使得企业能够获得可实践的分析结果，将我们的所学转化成在长期发展的生命周期中能够立即提供极致用户体验的创新。

最后，通过图表展示用户界面或者业绩展板实现的可测量性使得我们可以迅速将复杂的信息报告给执行领导层，这样他们就有权力、有动机也有意愿迅速行动并提高企业用户体验的质量。

这五个科技动因应该作为企业构建赋能计划行动中的一部分。科技毫无疑问将会对用户体验的未来产生深远的影响。

第 13 章　用户体验规划图

没有计划，就是在计划失败

谚语说："没有计划就是在计划失败。"企业在设计用户体验以促进业务发展、在竞争中保持生存时更是如此。坏消息是万全之策是不存在的。企业的规划图必须匹配自身的业务、服务的用户及市场的独特需求。

带着这样的想法，我设计了一套行动计划，企业可以据此提出正确的问题、设计正确的体验。企业做计划时要记得这是一个动态的过程，如今经济发展瞬息万变，不可能每年只做一次计划就以为这个计划会一直有效。相反，你的计划应该是个持续的过程，不断获取更好的用户分析结果，不断利用更先进的科技，不断适应社会和市场的变化。我的一些用户非常注重动态发展，每周都会复盘规划图。

企业应该把实现用户所需的规划图看作一个持续有趣并且不断进化的过程。

用户计划为什么会失败

从某种意义上来说，飞机其实就是一种在空中飞行的可能会爆炸的金属管。根据这样一个事实，你也许认为飞机在统计学上来看非常危险。但数据显示，根据航行里程折算，飞机比汽车还要安全。

飞机是怎么成为最安全的交通工具的呢？答案很简单：飞行前检查清单。这样一个工具保证了起飞前驾驶和副驾驶检查所有的操作和安全系统，而且绝大部分操作系统和安全系统都设置了备份系统，从而能够显著减少灾难性故障的发生。

据统计，绝大部分用户体验计划都以失败终结的主要原因并非负责人未进行航前检查，而是起初根本就没有设置检查清单。

用户体验预备计划

模仿航前检查清单，在开始绘制这个有点线性的规划图前，我们首先要建立一个牢固的基础。这有助于确定企业是否有按照规划图行动的企业文化。

打造战略计划

作为管理顾问，我见过太多企业想要实现企业增长和市场占领，却连战略计划都没有。最近我为一家百年企业提供服务，其资产有 60 亿美元，最新的战略计划却还是在 20 世纪 60 年代制订的。毫无疑问，这家企业正在迅速衰落，而且急需改变。

沿着极致用户体验追溯源头，那就是成功的战略。成功的战略必须是有效的、可实践的且可持续的，它包括以下几个部分：

1. 企业使命：世界上最成功的企业都有一个非常清晰的使命定位，而那些使命定位不清晰的企业基本上都失败了。我有幸曾与一些知名品牌企业合作，发现最好的企业都是以企业使命为中心的，而且企业领导都极其善于表达其愿景。

所以一个清晰的企业使命是优秀战略计划的开始。我个人欣赏简短、美好而且易懂的企业使命表达方式，因为它更容易被市场和员工接受。好的企业使命表达应该简洁明了，不掺杂行业术语，同时要说清楚企业是如何服务用户的。

本书第 4 章中展示了谷歌、亚马逊和苹果这些优秀企业的企业使命表达方式，它们都有一个“与人为善”的宏伟愿景，这尤其有助于吸引和留住千禧一代人才，因为这些人不只是想要找工作，更想成为伟大运动的一部分。

2. 战略目标和支柱：沿着企业使命口号向前看就是企业目标。企业目标直接服务于企业使命，是企业战略的靶心，所以非常重要。

我曾为一家连锁医院提供服务，它的管理团队非常有才华，把他们的目标叫作“战略支柱”。战略支柱不会每周都变，它会深深地烙在企业的文化里，清清楚楚、明明白白地告诉员工每天上班是为了什么。

一个定位清晰的战略支柱还可以很好地解释企业的战略计划。我个人建议，战略支柱和目标最多不超过六个，最少不少于四个。

3. 战略计划：这才是真正见分晓的时候。这些计划用以服务战略支柱和目标的详细策略，战略计划最大的问题之一就是如何说服员工接受它。

最近一家资产达数十亿美元的公司聘请我为其打造一个全能的企业战略。我和这家企业的40多名管理人员进行了谈话，每个人都说公司战略之所以效果不好，是因为每周都有一个新的战略计划。

一名管理人员和我谈起公司战略的时候非常气愤，说自己无法再忍了。她说每周都有一个新的战略，原来的战略计划还没来得及实施，新的公司战略就已经装在三孔活页夹里放在办公桌上了。所以一些员工逐渐开始不重视这些计划，因为计划总是没完没了的，反正总会有新的计划取而代之。

如果企业想制订一个制胜策略，就要确保每个战略计划都算数。把这些计划通过企业内部协作网络联系起来，围绕战略目标设置参与游戏及社交连接。成功的企业不会把企业战略全部推给下属，它们会和员工合作，共同实现计划。和员工合作实施企业战略的企业还会采用社交互动、头脑风暴以及游戏机制的手段，大大提高战略能带来的回报。

4. 评估：这是最后一部分，但却和前面几个部分同样重要。我提到过自己非常喜欢用业绩展板进行信息展示和评估。这些工具可以帮助管理层获取战略计划执行的实时动态信息，还能为员工理解自身行动如何影响企业战略提供必要的反馈。最好的企业使用的图表界面很有趣，就像电子游戏里面的显示表。使用业绩展板要确保正确的评估对象，它们一定是结果而非过程活动。

制订计划十诫

制订的战略计划要确保不能惩罚失败，因为失败是创新的基础。绝大多数企业太厌恶风险，不鼓励大胆尝试，不想造成任何不好的结果。太多的企业因为过度关注风险，无法成大事。但要想成功，就要发明创造新的体验。托马斯·爱迪生失败了上千次后才发明出了电灯泡，是屡次的失败成就了他最后的成功。要想超越平庸，就要不断尝试新事物，那么风险就不可避免。要把失误看作寻找正确答案的道路。最重要的是，要和团队真正合作，鼓励他们创新，寻找能够改进战略表现的新创意。

但遗憾的是，大部分企业在打造完整用户体验策略的过程前都没有进行调查。整个计划与企业整体使命、使命支柱和战略计划完全脱节，最终在制订用户体验策略时效率就很低，而且常常跑题。所以要想制订世界一流水平的用户体验规划图，首先要确定企业战略。

企业战略的十大杀手：

1. 弱势领导
2. 企业使命表达不清晰
3. 缺乏与员工的合作

4. 厌恶风险

5. 缺少媒体合作、媒体互动以及乐趣

6. 员工无法从战略游戏中获益

7. 只关注获利，不关注用户服务

8. 领导者不投入

9. 员工勇气不足，做了正确的事情却受到惩罚

10. 缺乏实现战略成功的内部品牌计划

建立企业生命维持系统

企业还需要建立自己的企业生命维持系统，包括技术栈、团队成员、调查、工具、过程、系统以及方法论。基于我的公司为用户制订的内容，如图 13–1 所示展示了成功的企业战略计划所需的五个步骤。

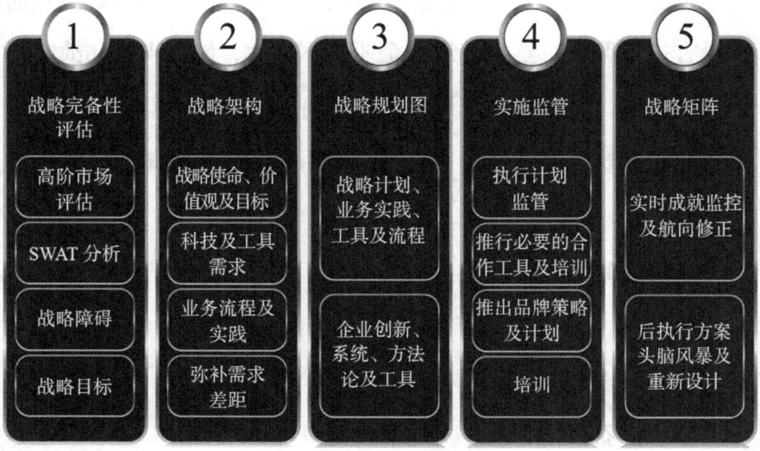

图 13–1　战略就是服务管理

如何打造让用户满意的计划

现在企业战略已经构建完毕，接下来要做的是打造新计划，让企业成为市场上一流的用户体验提供商。

第一步：做调研

有上千种工具可以用来分析用户调研结果，包括社会分析和数据集。但这里我们只关注能够更好地理解用户类型的相关数据。在开始制订最佳终极计划前，要先尽可能多地准备相关数据。

第 2 章中，我们分析了 NeoWash 洗车行的例子。洗车行老板主动观察用户使用洗车行产品和服务的方式，然后定期和团队成员召开头脑风暴会议，捋清自己的用户类型。很快，他们将洗车行的用户分成了四种类型，并据此得出了他们的好恶。

主动观察后开展的创新分享会帮助洗车行给自己的用户创造出完美的洗车体验，同时这个过程使洗车行的员工了解了每个触点上最打动用户的地方，从而创造出自己的用户规划图。

构建用户体验规划图之前收集的数据越多，成功的可能性就越大。

第二步：合作创新

谚语说："知难行易。"只是知道用户所想、所恨、所爱远远不够，要把这些信息变成世界一流的体验创新才行。

成功的创新主要靠合作，尤其是和直接接触用户的员工还有有能力、有意愿推动创新的人合作。

头脑风暴过程中使用一些即兴的表达和问题可以促进合作。比如：

- 用户讨厌等待。如何提高我们的服务效率？
- 用户喜欢有价值的东西。如何提供更多价值？
- 用户随时随地都能获取信息。网上关于我们产品和服务的微移动体验是什么样的呢？
- 我们的服务也许无法满足每一位用户的期望。如何把不满意用户变成终身用户？是否应该设置一个懂得适时介入的专业用户需求向导？
- 人是多感官动物。我们是否审视过自己业务的嗅觉、味觉、听觉、触觉和整个情感体验？
- 创新产生于其他企业。如何综合利用其他产业的奇思妙想为用户服务？
- 我们有时也会犯傻。我们做过的最傻的事情是什么？如何避免再做同样的事情？
- 用户有各种不满。那么用户最大的不满是什么？如何消除这种不满？
- 我们擅长很多事情。我们的业务最吸引人的地方是什么？如何做到更好？
- 我们对用户了解有限。用户有哪些信息是我们需要知道，而目前却还不知道的？

- 我们在不断升级我们的分析系统。如何利用这些工具更快、更好地了解用户之旅？
- 我们获取了大量信息，但只有在每月例会上才会分享给每个人。如何将实时监测数据共享给每个人，以便大家了解每个人为整体用户体验提升做出的贡献？
- 我们设置了新的使命宣言。但每个团队成员是否都已真正理解？如何更准确高效地传达它的含义？
- 我们在广告中成功地打出了企业品牌。但以用户为中心的重要性是否贯穿整个团队？

这样的问题提示我可以列出 2 000 个，但企业要想掌握业内用户体验的关键问题，以上这些问题就已经足够了。

打造用户体验不能一劳永逸

本书的核心内容之一就是想要告诉你，无论线上还是线下，为各种用户类型打造极致用户体验这件事，不能一劳永逸。要持续不断地切身感受用户的体验，通过协作和创新使他们的感受越来越好。

我走遍了世界各地，走访了各种各样的行业和企业。有趣的是，这些公司可以分成两类：（1）有的公司想要检查用户体验状况，然后转向下一个策略；（2）有的公司把用户体验视作他们基因的一部分，非常重视。对后者而言，对用户体验的打造绝不是一年一次。它们探讨用户体验，从中吸取教训，权衡并时时刻刻切身感受。

最近我雇用了一名健身教练，他说："从理论上讲，保持身体健康很容易。但困难就在于实际操作。我能给你提供很简单的东西，像理论知识，但如果你不努力实践，那我们就是在浪费彼此的时间。底线就是少吃，多动。虽然是陈词滥调，但很管用。"

理论上讲，打造很棒的用户体验并不难。唯一的困难就是在实践中很难推进。必须要了解你的用户类型，在线上和线下的每个触点为他们打造出色的体验。而这需要持续的关注，合适的团队，领导的承诺以及能够证明投资回报的衡量标准。

九件事让你打造出色的规划图

下面列出了构建规划图需要做的九件事情。仅仅这些就足够了。当你做到以下几点并能不断地将它们同你的用户以及员工联系起来，你将以卓越的用户体验领先于市场。

1. 构建团队架构：你构建的团队需要包含直面用户的员工和管理人员，他们有能力也有权限打造完美规划图。

2. 举行五场快速的头脑风暴会议：我发现，通过五次会议人们就能得到灵感，就能把杂乱的数据变成可执行的用户体验规划图。每一周或两周与团队开一次会议，明确你们的用户类型，了解他们常用的数字渠道，构建他们的线上和线下触点。

3. 开始创新之旅：会议上必须有所创新，这将带领你和你的团队踏上真实世界的用户体验之旅。有两种创新之旅，一种是线上的，利用社交分析深入了解用户对你的产品和品牌的看法。另一种是线下的，通过长时间观察用户对你的产品或服务的体验。真实世界的见解极其强大，能够提供创建世界级创新所需的实用数据。

4. 群策群力：创新来源广泛。有些只是把其他公司和市场的想法重新定位。借用在其他地方奏效的策略这个方法并不可耻，但是要让这些方法更加个性化，更能满足自己企业所需，要让它变得更好。

5. 巧用科技：为技术而技术是一个笑话，但却应用广泛。弄清楚用户希望如何与你互动，以及你该如何衡量和管理用户数据，接下来才能开始选择技术堆栈。正如我之前多次提示过，糟糕的用户服务不会通过技术得到改善。先有好策略才能讲技术。切记，“谨慎选择”。

6. 与用户交谈——粉丝和黑粉：明确关键用户。寻访那些喜欢你和不喜欢你的用户，喜欢你的用户会告诉你他为什么喜欢你，不喜欢你的用户会告诉你他为什么讨厌你。与他们见面，亲自去了解人们对你的业务的看法。（在本书中我希望你能学习到的一点就是，越了解用户就越能为他们提供卓越的用户体验。你可能会为此失眠几夜，不过只要你愿意依据这些观点行动起来，你的企业和品牌就会受到积极影响。）

最近，餐馆开始邀请 Yelp 上的黑粉参加晚餐会议，了解他们为何对自己的餐馆打差评。正如在第9章中提到过的，益处是巨大的。首先，你会明白为什么用户讨厌你，然后你可以据此做出改进。其次，黑粉看到你如此重视他们的看法，就会明白你在努力改善业务。他们也许会因此再给你一次机会，而且他们常常会收回自己的负面评价，并与众人分享你处理负面评价时的稳重和成熟。

有时候，黑粉是你最好的秘密武器。几年前，我写过一本如何帮助孩子提高创新力的书。当在亚马逊上看到一段长达4段的抨击文字时，我很震惊。我写这本书不是为了赚钱，只是想做些好事。这个人怎么会侮辱我的创新勇气？

平静下来后，我发现这个人说的基本都是对的。我写这本书时并非全心全意。作为一名作家，你就是产品，这些评论如当头一棒。我把这本书从亚马逊下架，并决定以后绝对不能再草草了事。黑粉使我成长。

注意事项：有些黑粉就是为黑而黑，仅此而已。即使他们的抱怨不合理，也要看看他们的评论，尽可能客观地对待他们的意见，也许其中有值得学习的地方。谁都不喜欢被批评，但你必须建立起社会监督机制，这样才能知道人们对你的公司、产品、服务和品牌的意见。

7. 理解简单化趣味化：作为企业战略家，几十年来，我一直在关注着规划图的战略实施过程。在这个过程中，公司必须有一个人人都应该遵守的正规程序。规划图的制订方法会产生很大的影响，所以要可视化。比如利用图片，这是交流想法和步骤最好的方式。规划图向来都像商业计划书一样枯燥无味，晦涩难懂。而你的规划图如果利用了图片，是可视化的，那么将会既有趣又多姿多彩。

规划图的版面越简单越好，尽量多使用图片和表格。想要人们重视你的规划，就要同公司的每个人沟通你的目标，下至公司门卫上至管理层，确保每个人都能理解企业的使命、目标、战略支柱、策略和方法。只有如此，他们才能全面参与其中。

我注意到最近很多企业正在创建信息图，作为其规划图的战略快照。信息图直观有趣，易于理解。我所在的行业通常把规划图做成精心设计的 PPT 图表，一般有 10~15 页幻灯片。这不是公司的一套说辞，而是每个人都能理解的语言。形式代表了立场，也是我们实现它的方式。

最好的企业还会引入婴儿潮一代、雅皮士和千禧一代，以确保不同的代与代都能理解它们的规划内容。在创建规划图时，要避免以下几件事情：

- 不要在规划图中使用公司辞令。
- 不要只关注利润和销售。让它成为一个吸引人的使命。
- 不要制订一个没有内部品牌战略的计划。
- 不要对团队成员抱有不切实际的期望。
- 不要没有授权却强求结果。

- 不要做老板。做团队的带头人。
- 不要在生命维持系统尚未就位的情况下启动用户体验计划。
- 不要在领导未允许的情况下启动用户体验计划。
- 不要害怕在企业沙箱里与他人好好合作。
- 不要忘了要有趣。

8. 不要独自死扛：最近我们的洗碗机坏了，原本打算自己维修，这样可以节省 150 美元。结果我根本不会修，最后反倒花了 750 美元。从中学到了什么？我并非无所不知！也有可能你什么都不知道，所以填补能力和技能的空缺非常重要。我见过很多失败的计划，它们都是草草修补了事。请一位专业顾问或者咨询师帮你理顺这些事。这样不仅能减轻压力，还增加乐趣。

9. 评估，评估再评估：好的用户体验计划能带来巨大回报。但在计划实施之前，要向其他领导证明持续的资金支持是必要的。

优秀的用户体验计划被扼杀通常是因为它们看起来像是电子表格上最大的一笔支出。你必须要证明它的经济效益，可以通过测量用户留存率、用户推荐率、获客成本以及任何其他能够证明你投资回报的标准。要尽早做好这些评估，因为可能随时需要这些数据，而且你永远不知道高管会在什么时候让你证明自己做的这些事情真的很重要。

成功用户体验的购物清单

分享一些我的独门建议，它们将助你成为业内用户满意度最高、员工敬业程度最大、员工成长最快和利润最多的企业。列表如下。

雇用优秀的员工——不好的员工会把他们的坏习惯带到工作中。通过研究世界顶尖公司，我发现这些公司花费了大量的时间去寻找品德优秀的潜在员工，而其他公司更注重技能、教育和相关经验。要根据员工的性格和脾气来雇用他们，再培养他们的技能。

做到最好——优秀的员工也希望你的企业足够优秀。糟糕的领导和企业文化会产生企业抗体，排斥优秀的用户和优秀的员工。建立一个以任务为中心的企业，赋予团队决策的权力，让他们服务用户，提供令人惊叹的体验。多做好事，因为好人都愿意做好事。大多数企业将糟糕的用户体验归咎于前线员工，而事实上，惩罚性的制度和破坏性的文化才是最终毁了用户体验的根本原因。

鼓励勇气——创新的企业鼓励团队承担一定的风险。创新的动力是失败。没错，开发突破性和颠覆性的创新服务用户，所需的只是你愿意承担风险，这就需要企业领导少关注风险，多关注用户创新。

了解用户的需求——像宝洁这样的大公司是触点创新概念的先驱。它们投身于这样的创新方法，不断研发出世界上最好用的消费品。事实证明，所有极致的用户体验都是由企业对用户好恶的认识而驱动的。根据弗雷斯特的用户体验指数，63% 的公司根本不知道他们的用户想要什么。我知道多说无益，可是成功的源头就是明白你的用户喜欢什么，讨厌什么，然后将其运用到商业中去，消灭用户讨厌的东西，加强用户喜欢的东西。

让旅程完整——打造用户之旅规划图就要制订改进各个触点的用户体验计划，但大多数企业都是计划的巨人，行动的矮子。在本书中，我提到了五个用户触点的体验都必须是流畅的。所有五个接触点的体验都必须是极致的，因为大多数企业都采用这种方法，就算只有一个触点的体验没有做好，整个用户体验之旅就算是失败的，因为用户只会记住最坏的体验，而非最好的体验。不要随大流，只在一个触点上做到极致，而要在每个触点上都做到极致。

创造最佳混合——在一个网络无处不在的世界里，用户在线上和线下都能得到体验。不幸的是，很少有公司能够同时带来线上和线下都出色的用户体验。最主要的原因是公司不同的部门之间相互独立缺乏联系，带来的产品体验无法融合，很少能传递相同价值、品牌承诺和使命。连接线上和线下两个世界，为用户提供最好的价值，是互联网经济的需求。

发展核心竞争力——要想在用户体验和用户服务上更胜一筹，公司需要将用户体验的设计作为核心竞争力。首先，在专业人士的协助下设计用户体验规划图和培训领导层和团队。提供最佳用户体验的企业恰好也非常善于做用户体验的设计和部署。

有颠覆性——渐进式创新的时代已经一去不复返。在当前竞争激烈、科技日新月异的市场中，公司需要超越渐进式创新，学会成为市场领先的颠覆式创新者。

整合所有——引领创新和用户体验的问题在于，它要求企业构建一个由工具、系统、流程和技术组成的功能生态系统。绝大多数的企业只做到了引领市场所需的一小部分工作。不要对学习和掌握用户体验嗤之以鼻，把所有这些整合起来，建立一个能够带来最佳用户体验所需的机制。

——秘诀——

这话听起来有点儿陈词滥调，但我还是要说。每天起床去上班，你如果能感受到工作的使命感，能够让他人快乐，那么生活就是有意义的。多年来，我同上百家企业进行了合作，我见过一些原本美好的人毁掉了自己的生活，只是因为他们工作的企业没有善待用户。用户体验不仅仅是要善待用户，还要构建一个服务他人的机制。

难道这不就是我们存在的意义吗：服务他人，过有意义的生活，给人们带来快乐？我知道，最成功的人会马上回答这个问题："见鬼，当然了！"

注释

第1章

1. "New Oracle Globe Research Study Finds that Brands Could Lose up to 20% of Revenue Due to Poor Customer Experiences, Yet Many Struggle to Develop Successful Strategies," www.oracle.com/us/corporate/press/1903222.

2. Help Scout, "75 Customer Service Facts, Quotes & Statistics: How Your Business Can Deliver With the Best of the Best," www.helpscout.net/75–customer–service–facts–quotes–statistics/.

3. "Mobile Search Moments: Understanding How Mobile Drives Conversions," Life360 Presentation, March 2013, ssl.gstatic.com/think/docs/creating–moments–that–matter_research–studies.pdf.

4. "Micro–Moments," Think with Google(blog), www.thinkwithGoogle.com/collections/microments.html.

5. Harvard Business Review Staff, "Cook Make Tastier Food

When They Can See Their Customers," Harvard Business Review, November 2014, hbr.org/2014/11/cooks–make–tastier–food–when–they–can–see–their–customers.

第3章

1. Ruby Newell–Legner, "Understanding Customers," cited in 75 Customer Service Facts, Quotes & Statistics: How Your Business Can Deliver With the Best of the Best, www.helpscout.net/75–customer–service–facts–quotes–and–statistics/.

2. American Express Survey, 2011, cited in 75 Customer Service Facts.

3. Henrik Bresman, "What Millennials Want from Work, Charted Across the World," Harvard Business Review, February 23, 2015, hbr.org/2015/02/what–millennials–want–from–work–charted–across–the–world.

4. White House Office of Consumer Affairs, cited in "75 Customer Service Facts."

5. Ibid.

6. Marketing Metrics, Cited in 75 Customer Service Facts.

第7章

1. "Zero Moment of Truth(ZMOT)," Think With Google(blog), www.thinkwith Google.com/collections/zero–moment–truth.html.

第11章

1. Aron E. Carroll, “To Be Sued Less, Doctors Should Consider Talking to Patients More,” New York Times, June 1, 2015, www.nytimes.com/2015/06/02/upshot/to-be-sued-less-doctors-should-talk-to-patients-more.html?_r=0.

致 谢

这本书如果没有凯伦·莱西强大的耐心和高超的文学技巧，是不可能完成的。凯伦把我藏在鞋盒里的那些莫名其妙的胡言乱语变成了一份关于如何赢得极致用户体验的有力的渐进式手稿。在将近一年的时间里，她给我的手稿把关，以确保内容能为读者带来可操作的经验参考。具有讽刺意味的是，帮我完成一本关于如何提供极致用户体验的书的人，也为我提供了人生中最好的用户体验之一。

这才是诗篇。